398409

LOGIQUE DE KANT

LOGIQUE

DE

KANT

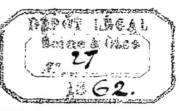

PAR J. TISSOT

DOYEN DE LA FACULTÉ DES LETTRES DE DIJON

SECONDE ÉDITION FRANÇAISE

PARIS

LIBRAIRIE PHILOSOPHIQUE DE LADRANGE

RUE SAINT-ANDRÉ-DES-ARTS, 41

1862

(4040) SAINT-CLOUD. — IMP. DE Mme Ve BELIN.

AVERTISSEMENT DU TRADUCTEUR.

Peu d'ouvrages sont d'une brièveté aussi substantielle que la *Logique* de Kant. L'Introduction est à elle seule une œuvre de premier ordre. Le corps du traité, sans avoir la même originalité et une portée aussi féconde que l'Introduction, est un résumé complet, généralement fort clair et toujours profond de la logique scolastique, ou plutôt de la Logique absolument. L'appendice, où les trois dernières figures du syllogisme catégorique sont ramenées à la première, comme à la figure essentielle, unique même, puisque les autres n'en sont que des formes moins naturelles, et comme une transformation plus ou moins malheureuse, est un des meilleurs morceaux qu'on eût écrit depuis Aristote sur la théorie du raisonnement catégorique, et qui la complète de la manière la plus heureuse. Si cette théorie est ici présentée avec cette extrême concision qui rappelle les formules des sciences exactes, si elle exige une certaine contention d'esprit pour être bien saisie, elle devient par là même un sujet

d'exercice intellectuel fort utile. Chaque formule est
comme un thème que des maîtres habiles peuvent donner
à expliquer, à développer, à résumer, à formuler en
d'autres termes à ceux de leurs élèves qui montrent le plus
de vigueur, de pénétration, et de sévérité scientifique
dans l'esprit.

Tout l'ouvrage enfin est comme un texte de méditation
et de discussion infiniment propre à fortifier et à féconder
une jeune et généreuse intelligence. Peu d'ouvrages présentent au même degré cette utilité.

Le public français en a sans doute jugé de la sorte,
puisque la première édition est depuis longtemps épuisée.
J'aurais donné plus tôt la seconde si je n'avais eu le projet d'y joindre *in extenso* tous les fragments où l'auteur
traite de la science en général et de la philosophie en particulier, de la méthode et de la certitude. Ces fragments
ont plus ou moins trait à la Logique, et j'en avais donné
plusieurs, les uns en totalité, les autres sous forme d'a-
nalyse dans la première édition. Si je ne reproduis ici
que celui qui a le caractère logique le plus marqué, c'est
que je me propose de publier très-prochainement tous
les autres à part : ils formeront une sorte de complément
à la Logique du même auteur. Le volume eût été grossi
démesurément par une addition aussi considérable. Par
cette raison, et parce que les fragments dont il s'agit s'a-
dressent plutôt à des maîtres qu'à des élèves, le volume
eût perdu de son caractère essentiellement classique,

tout en gagnant d'intérêt à d'autres égards. Je crois donc
satisfaire à toutes les exigences en donnant à part et la
Logique, et les Fragments qui s'y rapportent moins
directement que celui que nous reproduisons aujour-
d'hui.

Dijon, le 25 octobre 1861.

ERRATA.

P. 31, l. 19, *au lieu de :* fut,   *lisez :* fût.
P. 42, l. 19,   —   qui est y,   — qui y est.
P. 99, note 7,   —   sùr sensible, — sursensible.
P. 105, l. 24,   —   Bewcis *grund*, — Beweis*grund*.
P. 177, l. 3,   —   change,   — en change.
P. 179, l. 5,   —   partie,   — partie qui.

INTRODUCTION.

I.

Idée de la Logique.

Tout dans la nature animée ou inanimée se comporte *suivant des règles*, mais ces règles ne nous sont pas toujours connues. C'est en vertu de certaines lois que la pluie tombe et que les animaux se déplacent. Le monde entier n'est proprement qu'un vaste ensemble de phénomènes réguliers; en sorte que rien, absolument rien, ne se fait sans raison. Il n'y a par conséquent point d'*irrégularités* à proprement parler ; quand nous en croyons trouver, nous pouvons dire seulement que les lois qui régissent les phénomènes nous sont inconnues.

L'exercice de nos facultés s'accomplit aussi d'après

sidérées *a priori*, c'est-à-dire *indépendamment de toute expérience*, parce qu'elles contiennent simplement, *sans distinction d'objets*, les conditions de l'usage de l'entendement en général, qu'il soit *pur* ou *expérimental*. D'où il suit en même temps que les règles générales et nécessaires de la pensée n'en peuvent concerner que la *forme*, et nullement la *matière*. La science de ces règles nécessaires et universelles est donc simplement la science de la forme de notre connaissance intellectuelle ou de la pensée. Nous pouvons donc nous faire une idée de la possibilité d'une telle science, de la même manière que nous nous faisons l'idée d'une *grammaire générale*, qui ne contient que la simple forme du langage en général, et non les mots qui constituent la matière des langues.

Cette science des lois nécessaires de l'entendement et de la raison en général, — ou, ce qui est la même chose, de la simple forme de la pensée en général, est ce que nous appelons *Logique*.

Comme science qui s'occupe de la pensée en général, indépendamment des objets qui en sont la matière, la logique peut être considérée :

1° Comme le *fondement* de toutes les autres sciences et la *propédeutique* de toute fonction intellectuelle. Mais, par cela même qu'elle ne s'occupe nullement des objets,

2° Elle ne peut servir d'*organum* pour les sciences.

Nous entendons par *organum* l'indication de la manière dont une certaine connaissance peut être acquise, ce qui exige déjà une notion de l'objet de la connaissance à constituer suivant certaines règles. La simple logique n'est donc pas un *organum* des sciences, parce qu'un *organum* suppose la connaissance exacte des sciences, de leur objet et de leurs sources. C'est ainsi, par exemple, que les mathématiques sont un organum remarquable comme science qui contient la raison de l'acquisition de la connaissance par rapport à un certain usage rationnel. La logique, au contraire, en sa qualité de propédeutique de toute fonction intellectuelle et rationnelle en général, ne peut faire partie des autres sciences, ni anticiper sur leur matière ; elle n'est que l'*art universel de la raison* (*Canonica Epicuri*) de mettre des connaissances en général d'accord avec la forme de l'entendement, et ne mérite par conséquent le nom d'organum qu'autant qu'elle sert, non pas à *étendre*, mais simplement à *critiquer* et à *rectifier* notre connaissance.

3° Mais, comme science des lois nécessaires de la pensée, sans lesquelles aucun usage de l'entendement et de la raison n'est possible, lois qui sont par conséquent les seules conditions sous lesquelles l'entendement peut et doit être d'accord avec lui-même, — lois et conditions nécessaires de son légitime usage, — la

logique est un *canon*. Et, comme canon de l'entendement et de la raison, elle ne peut rien emprunter d'une
autre science ni de l'expérience ; elle ne doit contenir
que les lois pures *a priori,* qui sont nécessaires, et
qui sont le partage de l'entendement en général.

A la vérité, des logiciens supposent des principes
psychologiques dans la logique. Mais il est aussi absurde d'y introduire de pareils principes, que de dériver la morale de la conduite de la vie. Si nous pre-
nions ces principes dans la psychologie, c'est-à-dire
si nous les tirions des observations sur notre entendement, nous verrions simplement alors *de quelle manière* la pensée se manifeste, se produit, *comment*
elle est soumise à différents obstacles et à diverses
conditions subjectives ; ce qui nous conduirait à des
lois simplement *contingentes.* En logique, il n'est pas
question de lois *contingentes,* mais de lois *nécessaires ;* il ne s'agit pas de savoir comment nous
pensons, mais comment nous devons penser. — Les
règles de la logique ne doivent par conséquent pas
être prises de l'usage *contingent* de l'entendement ;
elles doivent l'être de son usage *nécessaire,* usage
qui se trouve en soi sans psychologie aucune. On ne
demande pas en logique comment se comporte l'entendement, comment il pense, comment il a pensé
jusqu'ici, mais simplement comment il a dû penser.
La logique doit donc nous faire connaître l'usage

légitime ou l'accord avec lui-même de l'entendement.

D'après les explications qu'on vient de donner sur la logique, on peut facilement déduire les autres propriétés essentielles de cette science, à savoir :

4° Qu'elle est une science rationnelle, non pas simplement quant à la *forme*, mais quant à la *matière*, puisque ses règles ne sont pas prises de l'expérience, et qu'elle a aussi pour objet la raison même. La logique est donc la connaissance propre (*Selbsterkenntniss*) de l'entendement et de la raison, sans égard à l'objet possible ou réel de ces facultés, mais seulement quant à la forme. En logique, je ne puis pas me demander *qu'est-ce que* connaît l'entendement, *combien* de choses il connaît, ou bien *jusqu'où* va cette connaissance : ce serait là une véritable connaissance de soi-même par rapport à l'usage *matériel* de l'entendement et qui fait en conséquence partie de la métaphysique. Il n'y a qu'une question en logique : *Comment l'entendement se connaît-il lui-même?*

Enfin, comme science rationnelle quant à la matière et quant à la forme, la logique est encore :

5° Une *doctrine* ou *théorie démontrée* : car, s'occupant, non de l'usage ordinaire, et, comme tel, purement empirique, de l'entendement et de la raison, mais simplement des lois nécessaires et générales de la pensée, elle repose sur des principes *a priori* d'où toutes ses règles peuvent être déduites comme règles auxquelles toute connaissance de la raison doit être conforme.

De ce que la logique doit être considérée comme une science *a priori* ou comme une doctrine pour un canon des fonctions de l'entendement et de la raison, elle diffère essentiellement de l'*esthétique*, qui, comme simple *critique du goût*, n'a pas de canon (de loi), mais simplement une *règle* (modèle ou patron à l'usage seulement de la critique), règle qui consiste dans l'accord universel. L'esthétique est donc la science des règles de l'accord des choses avec les lois de la sensibilité. La logique, au contraire, a pour objet les règles de l'accord de la connaissance avec les lois de l'entendement et de la raison. La première n'a que des principes empiriques : elle ne peut par conséquent jamais être une science ou une doctrine, si l'on entend par doctrine une instruction (*Unterweisung*) dogmatique par principes *a priori*, où l'on pénètre tout par l'entendement, sans données ultérieures prises de l'expérience, et qui nous donne des règles dont l'application produit la perfection désirée.

On a cherché, particulièrement les orateurs et les poëtes, à raisonner le goût, mais jamais on n'a pu prononcer un jugement décisif à ce sujet. Le philosophe *Baumgarten*, à Francfort, avait formé le plan d'une esthétique comme science, mais *Home* a plus justement appelé *critique* l'esthétique, puisqu'elle ne fournit aucune règle *a priori* qui détermine le jugement dans une mesure suffisante, comme le fait la logique, mais qu'au contraire elle dérive ses règles *a posteriori*, et rend plus générales, par la comparaison seulement, les lois empiriques suivant lesquelles nous reconnaissons le moins bien et le mieux (le beau).

La logique est donc plus qu'une simple critique : c'est un canon qui sert ensuite de critique, c'est-à-dire de principe pour juger toutes les fonctions intellectuelles en général, mais seulement en ce qui regarde la légitimité de ces fonctions quant à la simple forme, puisqu'elle n'est pas un *organum*, pas plus que ne l'est la grammaire générale.

Comme propédeutique de toute fonction intellectuelle, la logique universelle diffère aussi de la *logique transcendantale*, dans laquelle l'objet même est représenté comme objet de l'entendement seul ; la logique universelle, au contraire, se rapporte à tous les objets.

Si, maintenant, nous voulons embrasser d'un seul coup d'œil tous les caractères essentiels qui appartiennent à la longue détermination précédente de la notion de logique, nous devrons nous en faire l'idée suivante :

La logique est une science rationnelle, non quant à la simple forme, mais encore quant à la matière ; une science a priori des lois nécessaires de la pensée, non par rapport à des objets particuliers, mais par rapport à tous les objets en général : — elle est par conséquent la science de l'usage légitime de l'entendement et de la raison en général ; science non subjective, c'est-à-dire exécutée non d'après des principes empiriques (psychologiques), mais science objective, c'est-à-dire faite d'après les principes a priori déterminant la manière dont l'entendement doit penser.

II

Divisions principales de la Logique. — Exposition. — Utilité de cette science. — Esquisse de son histoire.

1°

La logique se divise :

En *Analytique* et en *Dialectique*.

L'analytique met à découvert par la décomposition toutes les opérations intellectuelles qui ont lieu dans la pensée en général. C'est donc une analytique de la forme de l'entendement et de la raison. Elle s'appelle aussi, à juste titre, logique de la vérité, parce qu'elle contient les règles nécessaires de toute vérité (formelle), sans lesquelles notre connaissance n'est pas vraie, considérée en elle-même, indépendamment des objets.

A ce titre encore, elle n'est autre chose qu'un canon pour le jugement critique de la légitimité formelle de notre connaissance.

Si l'on voulait faire servir cette doctrine purement théorique et générale comme un art pratique, c'est-à-dire si on l'employait comme *organe*, elle deviendrait alors une *dialectique*, une *logique de l'apparence* (*ars sophistica, disputatoria*), logique qui résulte du simple abus de l'analytique. Cet abus consiste à user de la *simple forme logique*, à simuler une connaissance vraie, dont toutefois les éléments (*Merkmale*) doivent être pris de l'accord avec les objets, par conséquent de la *matière*.

La dialectique était autrefois étudiée avec le plus grand soin. Cet art posait fallacieusement de faux principes sous l'apparence de la vérité, et cherchait, en conséquence de ces principes, à affirmer certaines choses d'après cette même apparence. Chez les Grecs, les dialecticiens étaient des avocats et des rhéteurs qui conduisaient le peuple comme ils voulaient, parce que le peuple se laisse égarer par l'apparence. La dialectique a donc été longtemps l'art de l'apparence; longtemps aussi a été enseigné en logique cet art de l'apparence sous le nom d'*art de disputer*. Pendant tout ce temps la logique et la philosophie n'ont consisté qu'à former certains bavards à tout colorer de la sorte. Mais rien ne peut être plus indigne d'un philosophe

que l'étude d'une pareille science. La dialectique,
ainsi entendue, doit absolument tomber en désuétude,
et être remplacée dans la logique par une critique de
cette apparence.

Nous avons donc deux parties dans la logique :
l'*analytique*, qui expose les critères formels de la
vérité, et la *dialectique*, qui renferme les signes et
les règles d'après lesquelles nous pouvons savoir que
quelque chose ne s'accorde pas avec les critères formels de la vérité, malgré l'apparence contraire. En ce
sens, la dialectique aurait donc encore une grande
utilité comme *cathartique* de l'entendement.

2°

On divise encore d'ordinaire la logique :

En *logique naturelle* ou *populaire*, et en *logique
artificielle* ou *scientifique* (*logica naturalis; logica
scholastica, seu artificialis*).

Mais cette division n'est pas juste : car la logique
naturelle ou la logique de la raison pure (*sensus communis*) n'est pas, à proprement parler, une logique ; c'est une science anthropologique, qui n'a
que des principes empiriques, puisqu'elle traite des
règles de l'usage naturel de l'entendement et de la
raison, règles qui ne sont connues que concrètement,
et par conséquent sans en avoir une connaissance
abstraite. — La logique artificielle ou scientifique

mérite donc seule le nom de logique, comme science des règles générales et nécessaires de la pensée, règles qui peuvent et doivent être conçues *a priori*, indépendamment de l'usage naturel et concret de l'entendement et de la raison, quoiqu'elles ne puissent d'abord être trouvées que par l'observation de cet usage.

3°

Une autre division de la logique encore est celle en logique *théorique* et en logique *pratique*. Mais cette division est également illégitime.

La logique universelle, qui, comme simple canon, fait abstraction de tous les objets, ne peut avoir aucune partie pratique. Ce serait une contradiction *in adjecto*, parce qu'une logique pratique suppose la connaissance des objets auxquels elle s'applique. Nous pouvons donc appeler toute science une *logique pratique* : car dans toute science nous devons avoir une forme de la pensée. La logique universelle, considérée comme pratique, ne peut donc être autre chose qu'une *technique de la science* en général, — *un organe de la méthode scolastique*.

Cette division donnerait donc à la logique une partie *dogmatique* et une partie *technique*. La première pourrait s'appeler *science des principes (Elementarlehre)*; la seconde, *méthodologie*. La partie prati-

sens commun : le sens commun est la faculté d'apercevoir les règles de la connaissance *in concreto* (dans
l'usage), tandis que la logique doit être la science des
règles de la pensée *in abstracto.*

On peut cependant prendre la raison humaine en
général pour objet de la logique, et en tant qu'elle fera
abstraction des règles particulières de la raison spéculative, et qu'elle se distinguera par le fait de la
logique de l'*entendement spéculatif.*

6°

Quant à l'exposition de la logique, elle peut être ou
scolastique ou *populaire.*

Elle est *scolastique* si elle est conforme au désir de
savoir, à la capacité et à la culture de ceux qui veulent traiter la connaissance des règles logiques comme
une science.

Elle est *populaire,* au contraire, si elle se prête
aux capacités et aux besoins de ceux qui n'étudient pas
la logique comme science, mais qui veulent seulement
la faire servir à expliquer l'entendement. — Dans
l'exposition scolastique, les règles doivent être présentées dans leur *universalité* ou *in abstracto ;* au
contraire, dans l'exposition populaire, elles doivent
être exposées en *particulier* ou *in concreto.* L'exposition scolastique est le fondement, ou plutôt la condition de l'exposition populaire : car celui-là seul peut

exposer quelque chose d'une manière populaire, qui pourrait l'exposer aussi d'une manière plus fondamentale.

Du reste, nous distinguerons ici l'*exposition* d'avec la *méthode*. La méthode est la manière d'entendre comment un certain objet, à la connaissance duquel elle doit s'appliquer, peut être parfaitement connu. Elle doit se tirer de la nature de la science même; mais, comme ordre nécessaire et déterminé de la pensée, elle ne peut changer. Le mot *exposition* signifie seulement *la manière de communiquer ses pensées aux autres, et de rendre une doctrine intelligible.*

7°

De ce que nous avons dit jusqu'ici sur la nature et la fin de la logique, on peut à présent évaluer le prix de cette science et l'utilité de son étude, suivant une unité de mesure légitime et déterminée.

La logique n'est donc pas l'art général de prouver la vérité, ni un *organe* de la vérité; — ce n'est point une science algébrique à l'aide de laquelle des vérités cachées puissent être découvertes.

Mais elle est utile, indispensable même comme *critique de la connaissance*, c'est-à-dire pour le jugement critique du sens commun et de la raison spéculative, non pas pour enseigner les fonctions de l'un ou de l'autre, mais seulement pour les rendre *correctes* et les mettre d'accord avec elles-mêmes. Car le principe logique de la vérité est l'accord de l'entendement avec ses propres lois générales.

8°

Quant à l'histoire de la logique, nous dirons seulement :

Que la logique moderne dérive de l'*Analytique* d'*Aristote.* Ce philosophe peut donc être considéré comme le père de la logique. Il la présente comme un *organum*, et la partage en *analytique* et en *dialectique.* Sa manière d'enseigner est très-scolastique, et tend au développement des notions les plus générales qui servent de fondement à la logique. Il y a là peu d'utilité, parce que à peu près tout y dégénère en pures subtilités. Le plus grand avantage qu'on puisse en retirer, c'est d'apprendre la dénomination des différents actes de l'entendement.

Au surplus, la logique, depuis Aristote, n'a pas beaucoup gagné quant au *fond.* Elle ne peut même gagner beaucoup à cet égard ; mais elle peut très-bien acquérir en *exactitude*, en *précision* et en *clarté.* — Il n'y a que fort peu de sciences qui puissent arriver à un état constant et fixe. De ce nombre sont la logique et la métaphysique. Aristote n'avait oublié aucune opération de l'entendement ; en cela nous

sommes seulement plus exacts, plus précis, plus mé-
thodiques.

On a cru, à la vérité, que l'*Organe* de *Lambert*
améliorerait beaucoup la logique ; mais il ne contient
autre chose que des divisions subtiles qui, comme
toutes les subtilités légitimes, aiguisent l'esprit sans
être d'aucune utilité essentielle.

Parmi les philosophes modernes il y en a deux
qui ont mis en vogue la logique universelle : *Leibniz*
et *Wolff*.

Malebranche et *Locke* n'ont pas fait de logique
proprement dite, puisqu'ils ne traitent que de la matière de la connaissance et de l'origine des notions.

La logique universelle de Wolff est la meilleure
jusqu'ici. Quelques-uns, tels que *Reusch*, l'ont mise
à côté de celle d'Aristote.

Baumgarten a bien mérité de la science en réduisant la logique de Wolff, et *Meyer* en commentant
Baumgarten.

Au nombre des logiciens modernes doit aussi être
compté *Crusius ;* mais il n'a pas assez réfléchi à la
véritable nature de la logique : car la sienne contient
des principes métaphysiques, et dépasse ainsi les
bornes de cette science. Outre cela, elle pose un
critérium de vérité qui n'en est pas un, et laisse
par le fait un libre cours à toutes sortes d'extrava-
gances.

De nos jours il n'y a pas eu de logiciens célèbres. Nous n'avons besoin d'aucune nouvelle invention en logique, parce que cette science ne contient que la forme de la pensée.

III

Idée de la philosophie en général. — **Philosophie considérée suivant l'idée de l'école et suivant l'idée qu'on s'en fait dans le monde.** — **Condition essentielle pour philosopher, et fin qu'on doit se proposer en philosophant.** — **Problèmes les plus généraux et les plus élevés de cette science.**

1°

Il est quelquefois difficile d'expliquer ce qui fait l'objet d'une science. Cependant la science gagne en précision par la détermination rigoureuse de son idée. Ajoutons que l'on prévient par-là plusieurs fautes qui sont inévitables lorsqu'on ne peut distinguer cette science de celles qui lui ressemblent le plus.

Avant donc de chercher à donner la définition de la philosophie, nous devons examiner le caractère des différentes connaissances elles-mêmes, et, comme les connaissances philosophiques font partie des connaissances rationnelles, expliquer particulièrement ce qu'il faut entendre par ces dernières.

Les connaissances *rationnelles* sont ainsi appelées par opposition aux connaissances *historiques*.

Les premières sont des connaissances par *principes* (*ex principiis*), les secondes des connaissances par *données* (*ex datis*). — Mais une connaissance peut dériver de la raison et n'être cependant qu'historique ; comme si, par exemple, un simple littérateur apprend les productions de la raison d'autrui : de cette manière la connaissance qu'il a de ces productions intellectuelles est purement historique.

On peut distinguer les connaissances :

1° Quant à leur origine *objective*, c'est-à-dire quant aux sources uniques d'où une connaissance peut émaner. Sous ce rapport toutes les connaissances sont ou *rationnelles* ou *empiriques* ;

2° Quant à leur origine *subjective*, c'est-à-dire quant à la manière dont une connaissance peut être acquise par l'homme. Considérées sous ce dernier point de vue, elles sont ou *rationnelles* ou *historiques*, quelle qu'en soit d'ailleurs l'origine en soi. Une connaissance peut donc être historique *subjectivement*, bien qu'elle soit *objectivement* une connaissance rationnelle.

Il est dangereux, en ce qui regarde certaines connaissances rationnelles, de ne les savoir qu'historiquement ; mais c'est indifférent pour d'autres. Par exemple, le navigateur sait historiquement les règles de la navigation par ses tables, et cela lui suffit. Mais si le jurisconsulte ne sait qu'historiquement la jurisprudence, alors il est incapable de rendre la justice, et bien plus encore de faire des lois.

Il suit de la distinction établie entre les connaissances rationnelles suivant qu'elles sont *objectives* ou *subjectives*, que l'on peut jusqu'à un certain point apprendre la philosophie sans pouvoir philosopher. Celui-là donc qui veut être un philosophe proprement dit, doit s'exercer à faire de sa raison un usage libre, et non un usage d'imitation et pour ainsi dire mécanique.

2°

Nous avons dit que les connaissances rationnelles sont des connaissances par principes : d'où il suit qu'elles doivent être *a priori*. Or il y a deux espèces de connaisances qui sont l'une et l'autre *a priori*, mais qui diffèrent cependant beaucoup : je veux dire les *mathématiques* et la *philosophie*.

On dit ordinairement que les mathématiques et la philosophie diffèrent entre elles *quant à l'objet*, en ce que les premières traitent des *quantités*, et les secondes des *qualités*. Tout cela est faux : la différence de ces sciences ne peut pas venir de leur objet, car la philosophie embrasse tout, et par conséquent les quantités ; il en est de même des mathématiques, en ce sens que tout a quantité. La *différence spécifique de la connaissance rationnelle ou de l'usage de la raison* dans les mathématiques et dans la philosophie forme toute la différence entre ces deux sciences. Or la philosophie est *la connaissance rationnelle par simples notions; les mathématiques, au contraire, sont la connaissance rationnelle par la construction des notions.*

Nous *construisons* des notions quand nous les exposons en intuition *a priori* sans le secours de l'expérience, ou lorsque nous nous donnons en intuition l'objet qui correspond à la notion que nous en avons. — Le mathématicien ne peut jamais se servir de sa raison suivant de simples notions; le philosophe, au contraire, ne se sert jamais de la sienne en construisant des notions. — Dans les mathématiques, l'usage qu'on fait de la raison est concret, mais l'intuition n'est pas empirique; cependant on s'y crée quelque chose *a priori* pour l'objet de l'intuition.

En cela, comme on le voit, les mathématiques ont un avantage sur la philosophie : c'est que leurs connaissances sont *intuitives*, tandis que celles de la philosophie sont *discursives*. Mais la raison pour laquelle nous considérons plutôt les quantités en mathématiques, c'est que les quantités peuvent être construites en intuitions *a priori*, tandis que les qualités ne peuvent être représentées en intuition.

3°

La philosophie est donc le système des connaissances philosophiques ou des connaissances rationnelles par des notions. Telle est l'*idée* que l'*école* se fait de cette science. Suivant le *monde*, elle est la science des dernières fins de la raison humaine. Cette idée élevée donne de la *dignité*, c'est-à-dire un prix absolu à la philosophie. Et réellement c'est la seule science qui n'ait qu'une valeur *intrinsèque*, et qui en donne à toutes les autres connaissances.

Enfin, cependant, l'on demande toujours à quoi sert de philosopher, et quelle est la fin de la philosophie, en considérant même la philosophie comme science, suivant l'*idée de l'école*?

Dans la signification scolastique du mot, philosophie ne signifie que *capacité*, habileté (*Geschicklichkeit*); mais avec la signification qu'on lui donne dans le monde, philosophie signifie aussi *utilité*. Dans le premier sens, la philosophie est une *science de la capacité*; dans le second, c'est une *science de la sagesse*, c'est la législatrice de la raison : en sorte que le philosophe est un *législateur* et non un *artiste* en matière de raison.

L'artiste en matière de raison, ou, comme l'appelle Socrate, le *philodoxe*, n'aspire qu'à une science spéculative, sans s'apercevoir par là combien la science contribue à la dernière fin de la raison humaine ; il donne des règles de l'usage de la raison pour toutes sortes de fins arbitraires. Le philosophe pratique, celui qui enseigne la sagesse par sa doctrine et par ses exemples, est à proprement parler le seul philosophe : car la philosophie est l'*idée* d'une parfaite sagesse, qui nous fait apercevoir la fin dernière de la raison humaine.

La philosophie de l'école se compose de deux parties :

Premièrement, d'un effectif suffisant de connaissances rationnelles ;

Secondement, d'un ensemble systématique de ces connaissances, ou de leur union dans l'idée d'un tout. Non-seulement la philosophie permet une composition systématique aussi étroite, mais elle est même la seule science qui, dans le sens le plus strict, ait un ensemble systématique, et qui donne aux autres sciences une unité systématique.

Mais la philosophie dans le sens du monde (*in sensu cosmico*), peut aussi s'appeler *une science des maximes suprêmes de l'usage de la raison*, en tant qu'il s'agit, par maximes, du principe interne de l'option entre différentes fins.

Car la philosophie, dans le second sens, est même la science du rapport de toute connaissance et de l'usage de la raison à la fin dernière de la raison humaine, comme fin suprême à laquelle toutes les autres fins sont subordonnées, et dans laquelle elles se réunissent toutes pour n'en former qu'une seule.

Le champ de la philosophie, dans ce sens familier, donne lieu aux questions suivantes :

1° Que puis-je savoir ?

2° Que dois-je faire ?

3° Que faut-il espérer ?

4° Qu'est-ce que l'homme ?

La *métaphysique* répond à la première question, la *morale* à la seconde, la *religion* à la troisième, et l'*anthropologie* à la quatrième. Mais au fond, l'on pourrait tout ramener à l'anthropologie, parce que les trois premières questions se rapportent à la dernière.

Le philosophe doit par conséquent pouvoir déterminer :

1° Les sources du savoir humain ;

2° La circonscription de l'usage possible et utile de toute science ; et enfin,

3° Les bornes de la raison.

La dernière question est tout à la fois la plus importante et la plus difficile ; mais le philodoxe ne s'en occupe pas.

Un philosophe doit réunir deux qualités principales:

1° La culture du talent et de la capacité, pour faire servir l'un et l'autre à toutes sortes de fins ;

2° L'habileté (*Fertigkeit*) dans l'usage de tous les moyens pour les fins qu'il se propose. Ces deux choses doivent aller ensemble : car sans les connaissances on ne sera jamais philosophe ; mais aussi jamais ces connaissances seules ne feront le philosophe, si l'union régulière de toutes les connaissances, de toutes les capacités, ne concourt pas à l'unité, et si la lumière ne règne pas dans leur alliance avec les fins suprêmes de la raison humaine.

Celui-là, en général, ne peut s'appeler philosophe, qui ne peut philosopher. Or, on ne philosophe que par l'exercice et en apprenant à user de sa propre raison.

Mais comment la philosophie doit-elle s'apprendre ?

Tout penseur philosophe élève pour ainsi dire son propre ouvrage sur les ruines de celui d'autrui ; mais jamais un ouvrage n'a été si solide qu'il fût inattaquable dans toutes ses parties. On ne peut donc pas apprendre la philosophie à fond, parce qu'elle *n'est pas encore donnée*. Mais, posé aussi qu'il en *existât réellement une*, celui qui l'aurait apprise ne pourrait pas dire qu'il est philosophe : car la connaissance qu'il en aurait ne serait toujours *subjectivement* qu'*historique*.

Il en est autrement en mathématiques : on peut en quelque sorte apprendre cette science ; car ici les preuves sont si évidentes que chacun peut en être convaincu ; aussi les mathématiques peuvent-elles, à cause de leur évidence, être considérées comme une science *certaine* et *stable*.

Celui qui veut apprendre à philosopher ne doit considérer tous les systèmes de philosophie que comme des *histoires de l'usage de la raison*, et comme des objets propres à orner son talent philosophique.

Le véritable philosophe, comme libre penseur, doit faire un usage indépendant et propre, et non un usage servile de sa raison. Mais il ne doit pas en faire un usage *dialectique*, c'est-à-dire un usage qui tendrait à donner aux connaissances une *apparence* de *vérité* et *sagesse* qu'elles n'auraient pas. C'est là une œuvre digne des *sophistes*, tout à fait incompatible avec la dignité du philosophe comme possesseur et précepteur de la sagesse.

En effet la science n'a une valeur intrinsèque qu'à titre véritable d'*organe* ou d'*expression de la sagesse*. Mais, à ce titre, elle lui est tellement indispensable, que l'on peut bien dire que la sagesse sans la science est la silhouette d'une perfection à laquelle nous n'atteindrons jamais.

Celui qui hait la science, mais qui aime d'autant plus la sagesse, s'appelle *misologue*. La misologie provient d'ordinaire d'un défaut de connaissances scientifiques, et d'une espèce de barbarie. Quelquefois aussi ceux-là tombent dans la misologie, qui d'abord ont couru après les sciences avec une grande application et un grand bonheur, et qui cependant n'ont pu trouver aucune satisfaction véritable dans tout leur savoir.

La philosophie est la seule science qui nous enseigne à nous procurer cette satisfaction intérieure : elle ferme en quelque sorte le cercle scientifique, et les sciences reçoivent d'elle seule tout leur ordre et leur ensemble.

Nous devons donc plutôt avoir égard, dans l'exercice de notre libre pensée ou de notre philosophie, à la *méthode* qu'il convient de suivre dans l'usage de notre *raison*, qu'aux principes mêmes auxquels nous sommes arrivés par elle.

IV

Esquisse rapide d'une Histoire de la Philosophie.

1°

Il n'est pas très-facile d'assigner la limite où cesse l'usage *commun* de l'entendement, et où commence son usage *spéculatif*, c'est-à-dire où la connaissance rationnelle commune devient philosophie.

Un caractère passablement sûr cependant, c'est que la connaissance du général *in abstracto* est une connaissance spéculative, tandis que la connaissance du général *in concreto* est une connaissance ordinaire.

— La connaissance philosophique est en effet la connaissance spéculative de la raison : elle commence donc ses recherches où l'usage commun de la raison finit, c'est-à-dire dans la connaissance du général *in abstracto.*

Grâce à cette détermination de la différence entre l'usage commun et l'usage spéculatif de la raison, on peut juger si un peuple a été ou n'a pas été philosophe, et, en parcourant l'histoire des différents peuples, décider quel est celui chez lequel la philosophie semble avoir pris son origine.

Les *Grecs,* à ce compte, semblent être, de tous les peuples, les premiers qui aient philosophé, car ils sont les premiers qui ont essayé de cultiver leurs connaissances rationnelles d'une manière abstraite, en quittant les images au lieu que les autres peuples n'ont jamais cherché à se rendre sensibles leurs notions d'une manière concrète que par des *images.* Il y a encore aujourd'hui des peuples, tels que les Chinois et quelques Indiens, qui, à la vérité, traitent de choses qui sont exclusivement du domaine de la raison pure, comme de Dieu, de l'immortalité de l'âme, etc., mais sans rechercher d'une manière abstraite, par des notions et des règles, la nature de ces objets. Ils ne font ici aucune distinction entre l'usage de la raison *in concreto,* et son usage *in abstracto.* — Chez les *Perses* et les *Arabes,* il se rencontre un certain usage spéculatif de la raison ; mais ces peuples en tiennent les règles d'Aristote : ils les ont donc empruntées des Grecs. Dans le *Zend-Avesta* de *Zoroastre* (800 ans avant Jésus-Christ), on ne trouve pas la moindre trace de philosophie. On peut en dire autant, suivant toute apparence, de la sagesse tant vantée des *Egyptiens* : elle n'était qu'un véritable jeu d'enfant en comparaison de la philosophie des Grecs.

En mathématique comme en philosophie, les Grecs ont été les premiers à cultiver d'une manière scientifique et spéculative cette partie de la connaissance rationnelle, puisqu'ils ont démontré chaque théorème par éléments.

Le premier qu'on sache avoir établi l'usage de la raison spéculative, et dont les efforts se soient dirigés vers la culture spéculative de l'esprit humain, est *Thalès*, chef de la secte *ionique*. Il fut surnommé le physicien, quoiqu'il fût aussi *mathématicien* : en général les mathématiques ont précédé la philosophie.

Du reste, les premiers philosophes entouraient encore tout d'images et de figures : car la poésie, qui n'est autre chose que la pensée revêtue d'images, est plus ancienne que la prose. Par conséquent, dans les choses mêmes qui sont de purs objets de la raison, l'on dut primitivement parler d'une manière figurée, et n'écrire qu'à la façon des poëtes. *Phérécyde*, un pythagoricien, passe pour avoir été le premier qui ait écrit en prose.

Après les *ioniens*, vinrent les *éléates*. Le principe fondamental de la philosophie éléatique et de son fondateur *Xénophane*, était que les *sens ne donnent qu'illusion et vaine apparence, et que la source de la vérité est dans la raison seule*.

Parmi les philosophes de cette époque se distingue *Zénon*, homme d'un grand sens, d'une grande pénétration et dialecticien subtil.

La *dialectique* était considérée anciennement comme l'art d'user de la raison pure par rapport aux notions dégagées de toute matière sensible. De là les fréquents éloges de cet art chez les anciens. Par la suite les philosophes qui rejetaient totalement le témoignage des sens, durent nécessairement tomber dans beaucoup de subtilités, et la dialectique dégénéra en art de soutenir et de combattre toute proposition. Ce n'était donc plus pour les *sophistes*, qui voulaient raisonner sur toutes choses, et donner à l'erreur l'apparence de la vérité, que l'art de tout brouiller et de tout confondre. C'est pourquoi le nom de *sophiste*, par lequel on entendait anciennement un homme capable de parler de tout avec raison et pénétration, devint si odieux et si méprisable, qu'on le remplaça par celui de *philosophe*.

2°

Vers le temps où l'école ionique florissait, apparut dans la Grande-Grèce un homme d'un génie singulier, qui non-seulement fonda une école, mais encore conçut et mit à exécution un projet qu'aucun philosophe n'avait jamais formé : cet homme était *Pythagore*, né à *Samos*. — Il fonda une société de philosophes, réunis en une communauté par la loi de la discrétion. Ses disciples étaient partagés en deux classes : en simples *auditeurs* (ἀκουσματικοί), qui n'avaient pas le droit de dialoguer, et en auditeurs qui avaient ce droit, et qui pouvaient questionner (ἀκροαματικοί).

Dans ses doctrines on distingue l'*exotérique*, qu'il exposait à tout le monde, et une autre, l'*ésotérique*, qui était secrète, destinée aux seuls des membres de la communauté qu'il admettait dans sa société la plus intime, et qu'il isolait complétement des autres.

La *physique* et la *théologie*, par conséquent la science du sensible et du non-sensible, étaient en quelque sorte le *véhicule* de la doctrine secrète.

Pythagore avait aussi différents *symboles*, qui n'étaient apparemment que certains signes servant à ceux qui les employaient à s'entendre mutuellement.

Le but de la communauté ne semble avoir été que de *purger la religion des croyances populaires*,

*de tempérer la tyrannie et d'introduire dans les
Etats une meilleure forme de gouvernement.* Cette
communauté, que les tyrans commençaient à redouter,
fut détruite peu de temps avant la mort de Pythagore,
et la société philosophique dissoute tant par les persé-
cutions ou la mort que par la fuite d'un grand nombre
de membres : le peu qui restèrent étaient des *novices*;
et, comme ceux-ci ne devaient pas avoir une grande
part aux doctrines du maître, on n'en peut rien dire
de certain. On prêta par la suite à ce philosophe, qui
était en outre un très-fort mathématicien, beaucoup
de doctrines qui ne sont certainement que des fictions.

Les autres pythagoriciens les plus célèbres de cette
époque sont : *Phérécide, Philolaüs* et *Archytas.*

3°

L'époque la plus importante de la philosophie grec-
que commence avec Socrate (400) : ce fut lui qui
donna à tous les genres d'esprits spéculatifs, et par
conséquent à l'esprit philosophique, une direction
pratique toute nouvelle. Aussi a-t-il été jugé à peu
près le seul de tous les hommes dont la conduite ait
approché de l'*idéal du sage.*

Au nombre de ses disciples se remarque particulièrement *Platon* (348), qui donna une attention spé-
ciale aux doctrines pratiques de Socrate. Parmi les
disciples de Platon, *Aristote* fut le plus célèbre : il

donna une impulsion nouvelle et plus forte que les précédentes à la philosophie spéculative.

Après les grandes écoles de Platon et d'Aristote, se présentent celles des *épicuriens* et des *stoïciens*, qui furent ennemis jurés les uns des autres. Les premiers faisaient consister le *souverain bien* dans la *joie du cœur*, qu'ils appelaient *volupté*. Les autres ne le trouvaient que dans *l'élévation et la force de l'âme*, qualités qui permettent de se passer de tous les agréments de la vie.

Les stoïciens étaient du reste *dialecticiens* dans la philosophie spéculative, *dogmatiques* dans la philosophie morale, et montraient dans leurs principes pratiques, au moyen desquels ils répandirent le germe des sentiments les plus nobles, une dignité extraordinaire. Le fondateur de cette école fut *Zénon de Cittium*. Les hommes les plus célèbres de la même école, parmi les philosophes grecs, sont *Cléanthe* et *Chrysippe*.

Jamais l'école d'Epicure n'a pu atteindre à la renommée de l'école stoïque. Du reste, les épicuriens étaient très-modérés dans leurs plaisirs, et furent *les physiciens les plus distingués* parmi tous les savants de la Grèce.

Il faut encore remarquer ici que les principales écoles grecques eurent des noms particuliers. Ainsi l'école de Platon prit le nom d'*Académie ;* celle d'A-

ristote s'appela *Lycée* ; celle de Zénon , *Portique*
(στοή), d'une promenade couverte qui donna son nom
aux stoïciens ; celle d'Epicure, *Jardins*, parce qu'E-
picure enseignait dans des jardins.

Outre l'académie de Platon, il y en eut trois autres
qui furent fondées par ses disciples : la première eut
pour chef *Speusippe* (339), la deuxième *Arcésilas*
(239), et la troisième *Carnéade* (128).

Ces académiciens inclinaient au scepticisme : car
Speusippe et *Arcésilas* fondèrent tous deux leurs
doctrines sur le doute, et *Carnéade* alla encore plus
loin qu'eux. C'est pour cette raison que les sceptiques, ces dialecticiens subtils, ont aussi été appelés
académiciens.

Les académiciens suivirent donc, au moins en partie, le premier grand sceptique *Pyrrhon* (286) et ses
successeurs. *Platon* leur en avait fourni des motifs
en établissant le pour et le contre dans ses enseigne-
ments *dialogiques*, sans se prononcer lui-même, au
moins d'une manière explicite et positive, quoiqu'il
fût d'ailleurs très-*dogmatique*.

Si l'on fait commencer l'époque du scepticisme
avec Pyrrhon, alors on a toute une école de sceptiques
qui se distinguent essentiellement des *dogmatistes*
dans leurs opinions et leur manière de philosopher,
puisqu'ils prenaient pour première règle de tout usage
philosophique de la raison, qu'il faut *s'abstenir de*

juger, même dans la plus grande apparence de vé-
rité, et avaient consacré ce principe : que *la philoso-*
phie consiste dans l'équilibre du jugement, et nous
apprend à découvrir la fausse apparence. — Il ne
nous est resté des écrits de ces sceptiques que les deux
ouvrages de *Sextus Empiricus* (1), où il a entassé
tous les doutes de son école.

4°

La philosophie passa des Grecs aux Romains, mais
sans rien acquérir ; les Romains ne furent jamais que
des *écoliers*.

Cicéron (43 av. J.-C.) était disciple de Platon en
métaphysique, et stoïcien en morale.

Les plus célèbres des stoïciens sont: *Epictète* (fl. 89
ap. J.-C.), *Antonin le Philosophe* (181), et *Sénèque*
(65 ap. J.-C.). Il n'y eut de physicien parmi les Romains que *Pline* l'Ancien, qui a laissé une histoire
naturelle.

Enfin, la science disparut aussi chez les Romains,
pour faire place à la barbarie, jusqu'à ce que les
Arabes, aux vi⁰ et vii⁰ siècles, commençassent à cultiver les sciences, et remissent Aristote en honneur.
Alors les sciences refleurirent en Occident. Aristote
fut surtout étudié; on le suivit aveuglément.

Les scolastiques régnèrent dans les xi⁰ et xii⁰ siè-

(1) Il vivait dans la première moitié du iii⁰ siècle de notre ère.
(*Note du trad.*)

cles; ils *expliquaient* Aristote, et retournaient ses
subtilités à l'infini. On ne s'occupait que de vaines
abstractions. Cette fausse méthode scolastique disparut enfin à l'époque de la réforme. Alors il y eut des
hommes d'un talent original et indépendant, de libres
penseurs, qui ne s'attachaient à aucune école, mais
qui cherchaient et prenaient la vérité partout où ils
la trouvaient.

5°.

La philosophie doit une partie de son amélioration
dans les temps modernes, d'une part à une plus grande
étude de la nature, d'autre part à l'application des
mathématiques à la physique. La méthode que l'étude
de ces sciences fait contracter dans la conduite des
pensées, s'étendit aussi aux différentes parties de la
philosophie proprement dite. Le premier et le plus
grand physicien des temps modernes fut *Baçon de
Vérulam*. Il suivit dans ses recherches la voie de
l'expérience, et fixa l'attention des savants sur l'importance et la nécessité des *observations* et de l'*ex-
périmentation* pour découvrir la vérité. Il est du reste
assez difficile de dire avec précision d'où vient l'amélioration de la philosophie spéculative. *Desçartes*
n'en a pas peu mérité, puisqu'il a contribué beaucoup
à donner de la *clarté à la pensée,* en posant pour

critérium de la vérité la *clarté*, l'*évidence de la connaissance*.

Parmi les réformateurs contemporains les plus célèbres de la philosophie, et qui ont rendu les services les plus signalés à cette science, il faut compter *Leibniz* et *Loçke*. Celui-ci a essayé de décomposer l'entendement humain, et de faire voir quelles sont les facultés et les opérations qui se rapportent à telle ou telle connaissance. Mais il n'a pas achevé son entreprise. Son procédé est dogmatique, quoiqu'il ait fait sentir l'utilité de commencer par mieux étudier la nature de l'âme et d'une manière plus fondamentale.

En ce qui concerne particulièrement la méthode dogmatique de *Leibniz* et de *Wolff* en philosophie, il faut convenir qu'elle était très-défectueuse ; elle est sujette à tant d'illusions, qu'il est nécessaire d'y renoncer entièrement et de la remplacer par une autre, la *méthode critique*, qui consiste dans l'étude du procédé de la raison même; dans l'analyse et l'examen de l'ensemble de nos facultés intellectuelles, pour savoir quelles en sont les *limites*.

De nos jours, la *philosophie de la nature* est dans l'état le plus florissant, et il y a, parmi les physiciens, de grands noms, par exemple, *Newton*. — Pour des philosophes modernes, on n'en connaît pas maintenant dont on soit sûr que les noms doivent rester, parce que tout passe ici comme une ombre. Ce que l'un fait, l'autre le défait.

En philosophie morale, nous ne sommes pas plus avancés que les anciens. En métaphysique, nous avons l'air de nous être embarrassés dans la recherche des vérités de cette espèce. Il règne maintenant une telle *indifférence* pour cette science, qu'on semble se faire honneur de parler avec mépris des recherches métaphysiques comme de vaines *subtilités*. Et cependant la métaphysique est la véritable philosophie, la philosophie proprement dite.

Notre siècle est le siècle de la *critique*. Reste à savoir ce qui résultera des travaux critiques de notre âge par rapport à la philosophie, et à la métaphysique en particulier.

V

De la connaissance en général. — Connaissance INTUITIVE, connaissance DISCURSIVE ; intuition et notion, leur différence en particulier. — Perfection logique et perfection esthétique de la connaissance.

1°

Toute connaissance est un double rapport qui tient d'une part à l'*objet*, et d'autre part au *sujet*. Sous le premier point de vue, elle se rapporte à la *représentation*, sous le second à la *conscience* qui est la con-

dition universelle de toute connaissance en général.
La conscience est proprement l'idée qu'une autre idée
est en moi.

Dans toute connaissance, il faut distinguer la *matière*, c'est-à-dire l'objet, et la forme, c'est-à-dire la
manière dont nous connaissons l'objet. — Un sau-
vage, par exemple, voit de loin une maison, dont
l'usage lui est inconnu : cet objet lui est à la vérité représenté comme il pourrait l'être à un autre homme
qui le connaît déterminément comme une habitation
appropriée à l'usage de l'homme. Mais quant à la
forme, cette connaissance d'un seul et même objet est
différente dans chacun d'eux : dans l'un c'est une
simple *intuition*, dans l'autre c'est *intuition* et *notion*
en même temps.

La différence formelle de la connaissance repose
sur une condition qui accompagne toute connaissance,
— sur la *conscience*. Si j'ai conscience de mon idée
elle est *claire*; si je n'en ai pas conscience, elle est
obscure.

La conscience étant la condition essentielle de toute
forme logique de la connaissance, la logique ne peut
et ne doit s'occuper que des idées claires, et non des
idées obscures. On ne voit pas, en logique, comment
naissent les idées, mais seulement la manière dont elles
s'accordent avec la forme logique. — La Logique ne
peut pas non plus traiter des simples représentations

ni de leur possibilité : c'est l'affaire de la métaphysique. Elle ne s'occupe que des règles de la pensée dans les notions, les jugements et les raisonnements. Sans doute quelque chose se passe dans l'esprit avant qu'une représentation devienne notion : c'est ce que nous ferons voir en son lieu. Mais nous ne rechercherons pas l'origine des idées. La logique traite, il est vrai, de la connaissance avec conscience, parce que la pensée a déjà lieu dans une semblable connaissance. Mais l'idée ou représentation n'est pas encore connaissance, quoique la connaissance suppose toujours la représentation. Et cette dernière ne peut absolument pas être expliquée : on ne pourrait le faire qu'au moyen d'une autre représentation.

Toutes les représentations claires, les seules auxquelles s'appliquent les règles logiques, peuvent donc se diviser quant à la *clarté* et à la *non-clarté*. Lorsque nous avons conscience de toute la représentation, mais non de toute la diversité qui y est contenue, alors la représentation n'est pas claire. — Prenons un exemple d'abord dans les intuitions pour expliquer le fait : nous apercevons dans le lointain une maison de campagne. Si nous avons conscience que l'objet perçu est une maison, alors nous nous faisons nécessairement aussi une représentation des différentes parties de cette maison, — des fenêtres, des portes, etc. : mais nous n'avons pas conscience de la diversité de ses parties, et notre représentation de l'objet pensé n'est en conséquence qu'une représentation obscure.

Voulons-nous en outre avoir un exemple de la non-clarté dans les notions? soit alors celle de beauté. Chacun a une notion claire de la beauté. Mais cette notion est complexe; elle comprend plusieurs éléments, entre autres que l'objet beau doit être quelque chose 1° qui tombe sous le sens, 2° et qui plaise généralement. Si nous ne pouvons pas nous rendre compte de la diversité de ces éléments du beau, et d'autres encore, alors la notion que nous en avons n'est pas encore claire.

Les *Wolffiens* appellent la représentation obscure une représentation *confuse*. Mais cette expression ne convient pas, par la raison que l'opposé de la confusion n'est pas la clarté, mais l'ordre.

Toutefois, s'il est vrai de dire que la clarté est un effet de l'ordre et l'obscurité un effet du désordre, et qu'ainsi toute connaissance confuse est aussi une connaissance obscure, la réciproque n'est pas admissible : toute connaissance obscure n'est pas pour cela confuse. En effet, il n'y a ni ordre ni désordre, ni par conséquent confusion réelle ou même possible, dans les connaissances dont l'objet est simple.

En conséquence, les représentations *simples* ne deviennent jamais claires : non pas qu'il y ait en elles confusion, mais parce qu'elles ne contiennent aucune diversité. Quand elles ne sont pas claires on peut bien dire qu'elles sont obscures, mais non pas qu'elles sont confuses.

Dans les représentations composées, où il est possible de distinguer une diversité d'éléments, l'obscurité souvent ne tient pas de la confusion, mais bien de la *faiblesse de la conscience*. Quelque chose en effet peut être clair quant à la *forme*, c'est-à-dire que je puis avoir conscience de la diversité dans la représentation ; mais la clarté peut diminuer quant à la *matière* si le degré de conscience s'affaiblit, quoique l'ordre existe dans les éléments de la notion. Tel est le cas des représentations abstraites.

La clarté même peut être double :

1° *Sensible*. Elle consiste dans la conscience de la diversité dans l'intuition. Je vois, par exemple, la voie lactée comme une bande blanchâtre : les rayons lumineux de toutes les étoiles qui s'y trouvent, doivent nécessairement avoir frappé mes yeux. Mais la représentation que j'en avais n'était que *claire* ; elle ne devient *lucide* que par le moyen du télescope, parce que j'aperçois alors une à une les étoiles qui sont dans la voie lactée.

2° *Intellectuelle*. C'est la *lucidité dans les notions*, ou la *lucidité intellectuelle*. Elle repose sur la décomposition de la notion par rapport à la diversité qu'elle contient. — C'est ainsi, par exemple, que dans la notion de *vertu* sont contenus comme éléments : *a*) celle de liberté, *b*) celle de soumission à la règle (au devoir), *c*) celle d'assujettissement des inclinations contraires à la règle. En résolvant *ainsi* la notion de vertu en ses éléments, on la rend lucide. Mais on n'ajoute rien par cette élucidation même à une notion; on ne fait que l'expliquer. Les notions ne sont donc pas améliorées, par la lucidité, quant à la *matière*, mais seulement quant à la *forme*.

2°

Si nous réfléchissons à nos connaissances par rapport aux deux facultés fondamentales essentiellement différentes d'où elles naissent, la sensibilité et l'entendement, nous trouvons alors, sous le point de vue qui nous occupe, une différence entre des intuitions et des notions. Considérées sous ce rapport, toutes nos connaissances sont en effet ou *intuitions* ou *notions*. Les premières ont leur source dans la *sensibilité*, — faculté des intuitions; les secondes, dans l'*entendement*, — faculté des notions. Telle est la différence logique entre l'entendement et la sensibilité, que la sensibilité ne donne que des intuitions, tandis qu'au contraire l'entendement ne donne que des notions. On peut sans doute envisager encore les facultés fondamentales sous un autre aspect et les définir d'une autre manière, savoir : la sensibilité comme une faculté de la *réceptivité*, l'entendement comme une faculté de la *spontanéité*. Mais cette espèce de définition n'est pas logique, elle est *métaphysique*. — On appelle ordinairement aussi la sensibilité, faculté *inférieure*; l'entendement, au contraire, faculté *supérieure* : par la raison que la sensibilité fournit simplement la matière de la pensée, tandis [que l'entendement la met en œuvre et la soumet à des règles ou notions.

Cette différence entre les connaissances *intuitives* et les connaissances *discursives*, c'est-à-dire entre les intuitions et les notions, sert de fondement à la différence entre la perfection *esthétique* et la perfection *logique* de la connaissance.

Une connaissance peut être parfaite quant aux lois de la sensibilité, ou quant aux lois de l'entendement : dans le premier cas elle est parfaite *esthétiquement ;* dans le second, *logiquement*. La perfection esthétique et la perfection logique sont donc d'espèce différente : la première se rapporte à la sensibilité; la seconde, à l'entendement. La perfection logique de la connaissance repose sur son accord avec l'objet, par conséquent sur des lois *universellement valables*, et demande par conséquent à être jugée *a priori* d'après des règles. — La perfection esthétique consiste dans l'accord de la connaissance avec le sujet, et se fonde sur la sensibilité particulière de l'homme. Il n'y a donc lieu, dans la perfection esthétique, à aucunes lois objectivement et universellement valables, par rapport auxquelles cette perfection puisse se juger *a priori* d'une manière valable universellement ou pour tout être pensant en général. Néanmoins, en tant qu'il y a aussi des lois universelles de la sensibilité, qui, tout en ne valant pas objectivement et pour tout être pensant en général, ont néanmoins une valeur subjective pour toute l'humanité, on conçoit aussi une perfection esthétique qui contient la raison d'un plaisir subjectivement universel. Telle est la *beauté*, qui plaît aux sens dans l'*intuition*, et qui, précisément par cette raison, peut être l'objet d'un plaisir universel, parce que les lois de l'intuition sont des lois universelles de la sensibilité.

Par cet accord avec les lois universelles de la sensibilité, le *beau propre*, *absolu*, dont l'essence consiste dans la *simple forme*, se distingue, quant à l'espèce, de l'*agréable*, qui plaît seulement dans la sensation par l'attrait ou l'émotion, et qui, par cette raison, ne peut être aussi que le principe d'une jouissance purement individuelle.

C'est aussi cette perfection esthétique, essentielle, qui s'accorde entre toutes avec la perfection logique, et s'unit le mieux avec elle.

Considérée en ce sens, la perfection esthétique, par rapport à ce beau essentiel, peut être avantageuse à la perfection logique. Mais d'un autre côté elle peut aussi lui être préjudiciable, en tant que nous ne regardons dans la perfection esthétique qu'au beau *accidentel, à ce qui attire* ou *qui touche*, qui plaît aux sens dans la simple sensation, et se rapporte non à la simple forme, mais à la matière de la sensibilité. Car l'attrait et l'émotion peuvent corrompre à un haut degré la perfection logique dans nos connaissances et dans nos jugements.

Sans doute qu'il reste toujours entre la perfection esthétique et la perfection logique de notre connaissance une espèce d'opposition, qui ne peut être parfaitement dissipée. L'entendement veut être instruit, la sensibilité excitée, animée; le premier aspire à la connaissance approfondie; la seconde, à la facilité de conception. Toutes les connaissances devant instruire, elles doivent, à ce titre, être fondamentales, en même temps qu'elles doivent intéresser. A ce dernier point de vue elles doivent aussi être belles. Si une exposition est belle, mais superficielle, elle ne peut satisfaire que la sensibilité, mais non l'entendement; si, au contraire, elle est fondamentale, mais aride, elle ne peut plaire qu'à l'entendement, mais pas en même temps à la sensibilité.

Comme c'est un besoin de la nature humaine, et que le but de la connaissance populaire exige que nous cherchions à réunir ces deux perfections, nous

devons aussi avoir à cœur de donner une perfection
esthétique aux connaissances qui, en général, en sont
susceptibles, et de rendre populaire par la forme
esthétique une connaissance scolastique logiquement
parfaite. En nous efforçant d'unir la perfection esthétique à la perfection logique dans nos connaissances,
nous ne devons pas perdre de vue les règles suivantes : 1° que la perfection logique est la base de toutes
les autres; qu'elle ne doit par conséquent pas être un
pur accessoire d'aucune autre, ou lui être sacrifiée;
2° qu'il faut surtout avoir égard à la perfection *formelle* esthétique (l'accord d'une connaissance avec les
lois de l'intuition), parce que c'est précisément là ce
qui fait le beau essentiel, le plus propre à s'unir à la
perfection logique ; 3° qu'il faut être très-circonspect
en faisant agir l'*attrait* et le *pathétique*, au moyen
desquels une connaissance opère sur la sensation et lui
donne un intérêt, parce que l'attention peut être facilement détournée par là de l'objet, et reportée sur le
sujet : d'où il pourrait résulter une influence très-
pernicieuse sur la perfection logique de la connaissance.

3°

Afin de ne pas rester dans le vague des généralités
concernant les différences essentielles entre la perfection logique et la perfection esthétique de la connais-

sance, et pour approfondir davantage plusieurs points particuliers, nous comparerons l'une et l'autre sous les quatre aspects de la quantité, de la qualité, de la relation et de la modalité, seules choses dont il s'agit dans le jugement (*critique*) de la perfection logique de la connaissance.

Une connaissance est parfaite 1° quant à la quantité, si elle est *universelle;* 2° quant à la qualité, si elle est *lucide;* 3° quant à la relation, si elle est *vraie;* 4° quant à la modalité, si elle est *certaine.*

Considérée de ces points de vue, une connaissance est donc logiquement parfaite quant à la quantité, si elle a une généralité objective (généralité de la notion ou de la règle); — quant à la relation, si elle a une vérité objective; — quant à la modalité enfin, si elle a une certitude objective.

A ces trois perfections logiques correspondent maintenant des perfections esthétiques par rapport aux quatre moments principaux, savoir :

1° La *généralité esthétique.* — Elle consiste dans l'applicabilité d'une connaissance à une foule d'objets qui peuvent servir d'exemples, auxquels peut se faire l'application de cette connaissance, et au moyen desquels on peut la faire servir en même temps à la fin de la popularité.

2° La *lucidité esthétique.* — C'est la lucidité dans l'intuition, au moyen de laquelle une notion abstrac-

tivement pensée est exposée ou expliquée *in concreto*
par des exemples.

3° La *vérité esthétique.* — Une vérité simplement
subjective, qui ne consiste que dans l'accord de la
connaissance avec le sujet et avec les lois de l'apparence sensible, et n'est par conséquent qu'une apparence générale.

4° La *certitude esthétique.* — Elle repose sur ce
qui est la conséquence nécessaire du témoignage des
sens, c'est-à-dire sur ce qui est confirmé par la sensation et l'expérience.

Il y a toujours, dans ces perfections, deux éléments
qui forment par leur union harmonique la perfection
en général, savoir : la *diversité* et l'*unité*. L'entendement donne l'unité à la notion, les sens à l'intuition.

La seule diversité, sans unité, ne peut plaire. La
vérité est donc la perfection principale, parce qu'elle
est le fondement de l'unité, par le moyen du rapport
qu'elle établit entre la connaissance et l'objet. Dans la
perfection esthétique même, la vérité reste toujours
la condition *sine qua non*, la suprême condition négative sans laquelle quelque chose ne peut généralement plaire au goût. Nul, par conséquent, ne peut
espérer de progrès dans les belles-lettres, s'il ne donne
pour fondement à sa connaissance la perfection logique. C'est dans la fusion la plus intime possible de la
perfection logique et de la perfection esthétique en

général par rapport à des connaissances qui doivent instruire et intéresser tout à la fois, que se montre aussi réellement le caractère et l'habileté du génie.

VI

Perfections logiques particulières de la connaissance.

A

Perfection logique de la connaissance quant à la quantité.—*Quantité.*
— Quantité extensive, — intensive. — Etendue et fondamentalité ou importance et fécondité de la connaissance. — Détermination de l'horizon de nos connaissances.

1°

La quantité de la connaissance est ou *extensive* ou *intensive* : extensive, s'il s'agit de l'*étendue de la sphère* ou du nombre des sujets qu'elle comprend ; intensive, s'il s'agit de sa *valeur*, de son *importance* (*Vielgültigkeit*) ou de sa fécondité logique, en tant qu'elle peut être considérée comme principe de grandes et nombreuses conséquences (*non multa, sed multum*).

Quand il s'agit d'étendre nos connaissances, ou de les perfectionner quant à l'étendue, il est bon de considérer le rapport d'une connaissance avec nos fins et nos capacités. C'est ce que j'appelle déterminer l'*horizon* de nos connaissances. Il faut, pour résoudre ce problème, établir *le rapport de la quantité de toutes les connaissances aux capacités et aux fins du sujet.*

Cet horizon peut se déterminer :

1° *Logiquement*, quant à la faculté de connaître ou à l'*intelligence* proprement dite par rapport à l'*intérêt* de l'*entendement*. Nous avons alors à décider jusqu'où nous pouvons avancer dans la connaissance, quels progrès nous pouvons faire dans chacune d'elles, et jusqu'à quel point certaines connaissances peuvent servir, dans le sens logique, comme moyen d'arriver à telles ou telles autres qui font l'objet spécial de notre étude.

2° *Esthétiquement, quant au goût,* par rapport à l'*intérêt* du *sentiment.* Celui qui détermine esthétiquement son horizon, cherche à régler la science sur le goût du public, c'est-à-dire à la rendre *populaire,* ou ne cherche, en général, qu'à acquérir des connaissances qui puissent s'enseigner à tout le monde, et auxquelles les classes les moins instruites puissent trouver de l'attrait et de l'intérêt.

3° *Pratiquement*, quant à l'*utile* par rapport à l'*intérêt* de la *volonté.* L'horizon pratique déterminé sous le point de vue de l'influence qu'une connaissance peut avoir sur notre moralité, est pragmatique et de la plus haute importance.

En résumé, l'horizon de la connaissance peut se déterminer en partant de la triple idée de ce que l'homme *peut* savoir, de ce qu'il a *besoin* de savoir, et de ce qu'il *doit* savoir.

Nous ne traiterons ici que de l'horizon théorique ou logique. On peut le considérer sous deux points de vue, *objectivement* ou *subjectivement*.

Objectivement considéré, il est *historique* ou *rationnel.* Le premier est beaucoup plus étendu que le second; il est même d'une grandeur incommensurable; notre connaissance historique n'ayant pas de bornes. L'horizon rationnel, au contraire, peut être déterminé : c'est ainsi, par exemple, que l'on peut décider quelles sont les espèces d'objets auxquelles la connaissance mathématique ne peut pas s'étendre. Mais peut-on dire également, pour ce qui est de la connaissance rationnelle philosophique, jusqu'où peut aller la raison *a priori* sans aucune expérience?

Considéré par rapport au *sujet*, l'horizon est ou *universel* et *absolu*, ou *particulier* et *conditionné* (horizon privé).

Il faut entendre par horizon absolu et universel la coïncidence des bornes des connaissances humaines avec les bornes de la perfection humaine la plus haute possible. Ce qui revient à cette question : Qu'est-ce que l'homme, comme tel en général, peut savoir?

La détermination de l'horizon particulier ou privé dépend d'une foule de conditions empiriques et de points de vue spéciaux, par exemple de l'âge, du sexe, de la profession, du genre de vie, etc. Chaque classe d'hommes a donc son horizon spécial déterminé par ses facultés intellectuelles et par la fin qu'elle se propose; — chaque individu a de même son horizon propre déterminé sur la mesure de ses facultés intellectuelles et de son point de vue personnel. Nous pouvons enfin concevoir encore un horizon de la *saine raison*, la *raison naturelle* ou *native*, le sens commun, et un horizon de *la science*. Celui-ci a besoin *de principes* d'après lesquels il détermine *ce que nous pouvons savoir et ne pas savoir*.

Ce que nous ne *pouvons* savoir est *au-dessus* de notre horizon; ce que nous ne *devons pas* ou que nous n'*avons pas besoin* de savoir est *en dehors* de notre horizon. Ce dernier point de vue peut cependant n'être que *relatif*, quand, par exemple, nous nous proposons telles ou telles fins particulières, et que, pour les atteindre, certaines connaissances sont inutiles ou même contraires : car absolument, aucune connaissance n'est inutile, quoique nous n'en puissions pas toujours apercevoir immédiatement l'utilité. — C'est par conséquent une objection aussi insensée qu'injuste, que celle dirigée par les sots contre les grands hommes qui s'appliquent aux sciences avec zèle, en leur disant : *A quoi bon?* Quiconque aime la science et la vérité pour elles-mêmes, ne doit jamais s'adresser une semblable question. Une science ne donnerait-elle des éclaircissements que sur un seul objet, déjà elle serait assez utile. — Toute connaissance logiquement parfaite a toujours quelque utilité possible qui, quoique à nous inconnue jusqu'à ce jour, se révèlera sans doute à la postérité.

Si l'on n'avait été mû dans la culture des sciences que par le profit matériel qu'on pouvait en retirer, il n'y aurait ni arithmétique ni géométrie. — Nous sommes d'ailleurs tellement faits, que l'esprit trouve plus de satisfaction dans la connaissance pure et simple de la vérité que dans l'utilité qui en résulte. C'est ce qu'avait déjà remarqué *Platon*. L'homme sent surtout en cela son excellence, sa supériorité ; il sent ce que c'est que d'être doué d'intelligence. Des hommes qui n'éprouvent rien de semblable doivent porter envie aux animaux. Le prix *interne* des connaissances n'est pas à comparer à leur valeur *externe*, qui résulte de leur application.

Ce n'est donc que dans un sens *relatif* que, d'une part, nous *n'avons pas besoin de savoir* ce qui est *en dehors* de notre horizon d'après les fins spéciales que nous nous proposons, et que, d'autre part, nous *devons* ignorer ce qui est *au-dessous* de notre horizon, en tant qu'il nous est *nuisible*.

2°

On peut établir les règles suivantes relativement à l'extension et à la démarcation de nos connaissances.

1° Il faut se déterminer un horizon de *bonne heure* sans doute, mais pas avant de pouvoir le faire par soi-même, ce qui n'a pas lieu ordinairement avant l'âge de vingt ans.

2° Il ne faut en changer ni légèrement ni souvent.

3° Il ne faut pas mesurer l'horizon des autres par le sien propre, et ne pas réputer inutile ce qui ne nous sert à rien. Il serait téméraire de vouloir déterminer l'horizon des autres quand on ne connaît qu'imparfaitement leurs capacités et leurs desseins.

4° Il ne faut ni trop étendre ni trop circonscrire son horizon. Car qui veut trop savoir finit par ne rien savoir, et celui qui croit que certaines connaissances ne peuvent en rien lui servir se fait souvent illusion. Telle serait l'erreur du philosophe qui croirait n'avoir rien à apprendre de l'histoire.

5° Il faut chercher aussi à déterminer d'abord l'horizon absolu de l'espèce humaine (quant au passé et à l'avenir).

6° Déterminer aussi en particulier la place qu'occupe la science à laquelle nous nous livrons, dans le cadre de la science universelle. L'*encyclopédie universelle* est à cet effet comme la *mappemonde* des sciences.

7° Dans la détermination de son horizon particulier, il faut examiner soigneusement pour quelle partie de la science universelle on a le plus d'aptitude et d'attrait; — quels sont les devoirs nécessaires qu'entraîne le choix qu'on se propose de faire; quels sont ceux qu'il rend moins sévères ou dont il dispense.

8° Enfin, il faut toujours chercher plutôt à étendre son horizon qu'à le restreindre.

Le moyen d'étendre les connaissances consiste bien moins à diminuer le nombre des volumes, qu'à donner de bonnes méthodes pour les bien étudier. Il ne faut pas réduire le fardeau de la science, comme l'a fait d'Alembert, mais seulement l'alléger en nous donnant des forces. La critique de la raison, celle de l'histoire et des écrits historiques; d'autre part, une méthode naturelle et un esprit vaste qui sait embrasser *en gros* les grandes perspectives de la connaissance humaine, et qui ne s'attache pas simplement *aux détails*, seront toujours les meilleures conditions pour abréger le travail de la connaissance sans rien retrancher de son objet. De cette manière, un grand nombre de livres deviennent inutiles, et la mémoire se trouve singulièrement soulagée.

A la perfection logique de la connaissance quant à l'étendue, est opposée l'*ignorance*, imperfection *négative* ou imperfection de *défaut*, qui est inséparable de notre connaissance, eu égard aux limites de l'entendement.

Nous pouvons considérer l'ignorance au point de vue *objectif* et au point de vue *subjectif*.

1° *Objectivement* prise, l'ignorance est ou *matérielle* ou *formelle*. La première consiste dans le défaut de connaissances historiques ou de faits, la seconde dans le défaut de connaissances rationnelles. — On ne doit être absolument ignorant dans aucune partie, mais on peut s'attacher de préférence aux connaissances historiques ou réciproquement.

2° *Subjectivement* considérée, l'ignorance est ou *savante*, *scientifique*, ou *commune*.

Celui qui aperçoit clairement les limites de la connaissance, qui sait par conséquent où commencent les limites du champ de l'ignorance, est un savant *ignorant*. Celui, au contraire, qui est ignorant sans apercevoir les raisons des bornes de son intelligence, et qui ne s'en afflige nullement, est un ignorant-ignorant, si je puis me servir de cette expression : il ne sait pas même qu'il ne sait rien ; car on ne peut se faire une idée de son ignorance que par la science, comme un aveugle ne peut se faire d'idée des ténèbres où il est plongé qu'autant qu'il a été voyant.

La connaissance de son ignorance propre suppose donc de la science, et rend en même temps modeste : au contraire, l'ignorance qui ne soupçonne pas même qu'elle ait quelque chose à savoir, est altière. C'est ainsi que l'ignorance de Socrate fut une ignorance célèbre : c'était proprement la connaissance de son ignorance, suivant son propre aveu. Le reproche d'ignorance ne peut donc atteindre ceux qui possèdent beaucoup de connaissances, et qui s'étonnent cependant de l'infinité de choses qu'ils ne connaissent pas.

L'ignorance n'est pas *blâmable* (*inculpabilis*) en général dans les choses dont la connaissance *surpasse* notre horizon : elle peut être *permise* (quoique dans un sens relatif seulement) par rapport à l'usage spéculatif de notre faculté de connaître, en tant que les objets *dépassent* notre horizon, quoiqu'ils ne soient pas *au-dessus*. Mais l'ignorance est *honteuse* dans les choses où il est très-nécessaire et en même temps très-facile de savoir.

Il y a une différence entre *ne pas savoir* quelque chose, et *ignorer* quelque chose, c'est-à-dire *n'en prendre aucune notion*. Il est bon d'ignorer beaucoup ce qu'il ne nous est pas bon de savoir. Il faut encore distinguer ces deux choses de l'*abstraction*. On fait abstraction d'une connaissance quand on en ignore l'application ; on l'obtient *in abstracto*, et l'on peut mieux la considérer alors dans le général comme principe. Faire ainsi abstraction de ce qui, dans la connaissance d'une chose, ne rentre pas dans notre but, est utile et louable.

Ceux qui sont historiquement ignorants sont ordinairement savants rationnellement.

La science historique, sans détermination de bornes, s'appelle *polyhistoire* : elle rend ordinairement vain. La *polymathie* est la science des connaissances rationnelles. Les deux réunies forment la *pansophie*. A la science historique appartient la science des organes de l'érudition, — la *philologie*, qui comprend la connaissance critique des langues et des livres (la *linguistique* et la *littérature*).

La simple polyhistoire est une érudition *cyclopique* : l'œil de la philosophie lui manque. Un cyclope en mathématiques, en histoire, en physique, en philologie, etc., est un savant qui possède toutes les parties de l'une ou de l'autre de ces sciences, de toutes ces sciences mêmes, si l'on veut, mais qui en croit la philosophie superflue.

Les humanités (*humaniora*) font partie de la philologie. On entend par humanités la connaissance des anciens, connaissance qui exige *l'union de la science et du goût*, dissipe la rudesse et la grossièreté, inspire cet esprit de sociabilité et d'urbanité qui fait le fond de l'*humanité*.

Les *humanités* ont donc pour objet la connaissance

de ce qui sert à la culture du goût d'après les modèles antiques. L'éloquence, la poésie, la connaissance des auteurs classiques, etc., en font partie. Toutes ces connaissances *humanistiques* appartiennent à la partie *pratique* de la philologie, qui a pour but immédiat la formation du goût.

Mais nous distinguons le simple philologue de l'humaniste, en ce que le premier cherche chez les anciens l'organe de l'*érudition*, tandis que le second y cherche l'organe de la *formation du goût*.

L'homme *versé dans les belles-lettres*, ou le *bel esprit lettré* (1), est un humaniste qui s'occupe des modèles contemporains que lui fournissent les langues vivantes : ce n'est donc pas un savant (car les *langues mortes* seules sont des langues savantes), mais un simple *dilettante*, qui suit la *mode* en fait de connaissances de goût, et qui se soucie peu des anciens. On pourrait l'appeler le singe de l'humaniste. — Le polyhistorien doit, comme philologue, être *linguiste* et *littérateur*. Comme humaniste, il doit être *classique* et pouvoir interpréter les auteurs. Comme philologue il est *cultivé*; comme humaniste, *civilisé*.

En fait de science, il y a deux dégénérescences possibles du goût dominant : la *pédanterie* et l'*afféterie* (2). La pédanterie ne s'occupe des sciences que

---

(1) Kant dit en français le *bel esprit*.   (*Note du trad.*)
(2) Kant se sert ici du mot français : *galanterie.* (*N. du trad.*)

pour l'*ecole*, et en circonscrit par conséquent l'*usage*.
L'afféterie ne fait de la science que pour les cercles
ou pour le monde, et la circonscrit par le fait quant
à son *objet*.

Le pédant peut être considéré ou comme savant
par opposition à l'homme du monde, comme un
homme gonflé de savoir, qui n'entend rien au monde,
c'est-à-dire à la manière de rendre sa science populaire ; ou comme un homme de talent, il est vrai, mais
seulement quant aux *formules* (*Formalien*), et nullement quant à l'essence et aux fins. Dans ce dernier
sens, c'est un *éplucheur de formules*, si je puis
ainsi dire, qui a l'air de pénétrer au fond des choses,
et de s'y tenir fortement, tandis qu'il n'en aperçoit
que la surface et l'écorce. C'est un imitateur mal-
adroit, une caricature de l'esprit méthodique.

On peut donc appeler pédanterie la recherche pénible et minutieuse (micrologie) dans les formes. Et
cette forme de la méthode scolastique, recherchée,
employée et analysée hors de l'école, n'est pas particulière aux savants ; elle est commune à toutes les
professions. Le cérémonial des cours, *des sociétés*,
est-il autre chose qu'une affectation, qu'une recherche de formes ? La précision, l'exactitude convenable,
et qui mène au but, est de la *fondamentalité* dans les
formes (perfection méthodique et scolastique). La pédanterie est donc une fondamentalité *affectée*, de

même que l'afféterie, semblable à une coquette qui cherche à plaire, n'est qu'une popularité également *affectée* : car l'afféterie cherche seulement à se faire aimer du lecteur, à ne pas lui déplaire, ne fût-ce que par un mot.

Pour guérir de la pédanterie, il faut posséder non-seulement la connaissance des sciences en elles-mêmes, mais encore celle de leur usage. Le véritable savant peut seul se garantir de la pédanterie, qui est toujours le lot d'une tête étroite.

En nous efforçant de donner à notre connaissance la perfection de la fondamentalité scolastique en même temps que celle de la popularité, sans tomber dans une fondamentalité ou dans une popularité affectée, nous devons avant tout faire attention à la perfection scolastique de notre connaissance (forme méthodique de la fondamentalité), et tâcher à cet effet de rendre vraiment populaire la connaissance acquise méthodiquement à l'école. Cette popularité n'est atteinte qu'autant qu'on se fait entendre facilement et généralement sans que la profondeur en souffre : car il ne faut pas, sous prétexte de popularité, sacrifier la perfection scolastique, sans laquelle toute science ne serait qu'un jeu et un badinage.

Il faut, pour apprendre la véritable popularité, lire les anciens, par exemple les écrits philosophiques de *Cicéron*, d'*Horace*, de *Virgile*, etc.; parmi les modernes, *Hume*, *Schaftesbury*, *Fontenelle*, etc.: tous hommes qui ont fréquenté la haute société, et qui avaient une grande connaissance du monde, condition sans laquelle on ne peut pas être populaire. La véritable popularité exige en effet une grande habitude du monde, une grande connaissance des idées, des goûts et des inclinations des hommes, etc.; toutes choses auxquelles il faut constamment faire attention dans le choix de ses expressions. Cette condescendance pour la portée intellectuelle du public et pour le langage vulgaire (ce qui n'est point exclusif de la perfection scolastique quant au fond, mais regarde simplement la forme de la pensée, de manière à cacher l'échafaudage [c'est-à-dire la partie *méthodique* et *technique* de ce genre de perfection], à peu près comme on efface les lignes tracées au crayon après qu'on a écrit dessus), cette perfection vraiment populaire de la connaissance, est en réalité une grande et rare qualité qui témoigne de beaucoup de connaissance dans la science. Elle rend aussi, entre autres services, celui de soumettre les apparences scientifiques à une nouvelle épreuve, à celle du sens commun : car l'examen purement scolastique d'une connaissance peut encore permettre de douter quelquefois si l'on a bien vu, complétement vu, et si la connaissance même possède une valeur universellement reconnue.

L'école a ses préjugés ainsi que le monde : l'un ici

corrige l'autre. Il importe donc de faire contrôler une connaissance par un homme qui ne tienne à aucune école.

On pourrait encore appeler cette perfection de la connaissance, qui la rend d'une communication facile et universelle, *extension extérieure* ou quantité extensive d'une connaissance, en tant qu'elle est propagée *au dehors* au milieu d'un grand nombre d'hommes.

3°

Comme il y a des connaissances nombreuses et diverses, on fera bien de se tracer un plan d'après lequel on coordonnera les sciences suivant leur accord le plus approprié à la fin qu'on se propose, et à la part proportionnelle qu'elles doivent y avoir. Si cet ordre ne règne pas dans l'extension qu'on cherche à donner à ses connaissances, la pluralité des connaissances n'est qu'une pure *rhapsodie*. Mais si l'on se donne pour but une science principale, et que l'on ne considère toutes les autres sciences que comme des moyens pour l'acquérir, alors la connaissance a un certain caractère systématique. Mais pour entreprendre un pareil plan, et pour travailler en conséquence à l'extension de ses connaissances, il faut chercher à bien connaître le rapport des connaissances entre elles. *L'architectonique* des sciences, qui est un *système idéal* dans lequel *les sciences sont considérées par rapport*

à leur parenté et à leur liaison systématique en un
tout de la connaissance intéressant. l'humanité,
doit naturellement servir d'introduction.

4°

Pour ce qui est de la quantité *intensive* de la connaissance, c'est-à-dire de sa valeur, de son importance, quantité qui se distingue essentiellement de la
grandeur *extensive* de l'étendue de sa sphère, comme
nous l'avons vu précédemment, nous ferons seulement
les remarques suivantes :

1° Il faut distinguer la connaissance qui a pour objet la *quantité*, c'est-à-dire le *tout* dans l'usage de
l'entendement, de la *subtilité dans les détails* (micrologie).

2° *Il importe logiquement* de donner une déno -
mination à toute connaissance qui exige la perfection
logique *quant à la forme*, par exemple à chaque
proposition mathématique, à toute loi de la nature
clairement aperçue, à toute explication philosophique
légitime. — On n'en peut prévoir l'importance *prati-*
que, mais il faut y *compter*.

3° Il ne faut pas confondre l'*important* avec le pénible (*Schwere*, lourd). Une connaissance peut être
difficile à acquérir sans avoir aucune importance, et
réciproquement. La difficulté ne décide par conséquent
rien ni *pour* ni *contre* le prix et l'importance d'une

connaissance. Cette dernière qualité dépend de la nature et du nombre des conséquences qui résultent de
la connaissance. Plus une connaissance a de grandes
et nombreuses conséquences, plus elle se prête à l'application, plus aussi elle est importante. — Une connaissance sans conséquences importantes est une
science *creuse* (*Grübelei*). Telle était, par exemple,
la philosophie scolastique.

VII

B

Perfection logique de la connaissance quant à la relation.—*Vérité.* —
De l'erreur et de la vérité en général. — Vérité matérielle et vérité
formelle ou logique. — *Critérium* de la vérité. —Fausseté et erreur.
Moyen de remédier à l'erreur.

1°

Une perfection principale de la connaissance, et
même la condition essentielle et indivisible de toute
perfection de la connaissance, c'est la *vérité*. — La
vérité, dit-on, consiste dans l'accord de la connaissance avec l'objet. En conséquence de cette simple définition de mot, ma connaissance ne doit donc être regardée comme vraie qu'à la condition de s'accorder
avec l'objet. Or je ne puis comparer l'objet qu'avec ma

connaissance, puisque *je ne le connais que par elle*.
Ma connaissance est donc appelée à se confirmer elle-
même : car, l'objet étant hors de moi, et la connaissance en moi, je ne puis jamais juger que d'une chose,
savoir : si ma connaissance de l'objet s'accorde avec
ma connaissance de l'objet. Les anciens appelaient
diallèle un semblable cercle dans une explication.
Aussi les sceptiques ont toujours reproché aux logiciens de tomber dans cette faute. Ils remarquaient,
les sceptiques, qu'il en est de cette définition de la vérité comme de quelqu'un qui, à l'appui d'une assertion qu'il ferait en justice, en appellerait à un témoin
que personne ne connaît, mais qui voudrait se faire
croire en assurant que le témoin qui l'invoque est un
honnête homme. — L'accusation était donc fondée.
Seulement la solution du problème en question est absolument impossible pour tout le monde.

La question est donc de savoir s'il y a un critérium
de la vérité, certain, général et applicable, et jusqu'à
quel point il est tout cela : car c'est là le sens dernier
de la question : *Qu'est-ce que la vérité?*

Pour répondre à cette importante question, il faut
commencer par distinguer ce qui appartient à la matière de la connaissance et se rapporte à l'objet, de ce
qui regarde la simple *forme* comme condition sans laquelle une connaissance en général serait impossible.

Le point de vue *objectif* ou *matériel* étant ainsi distingué du point de vue *subjectif* ou *formel*, la question précédente revient aux deux suivantes :

1° Y a-t-il un critérium général matériel ?

2° Y a-t-il un critérium général formel ?

Un critérium général matériel de la vérité n'est pas possible ; il est même contradictoire : car en tant que critérium *général* valable pour tous les objets, il devrait être absolument étranger, indifférent à toute diversité des objets, et servir néanmoins, comme critérium matériel, à les distinguer, afin de pouvoir décider si une connaissance s'accorde précisément avec l'objet déterminé auquel elle est rapportée, et non avec tout autre dont il n'est pas question. C'est dans cet accord d'une connaissance avec l'objet déterminé auquel elle se rapporte, que doit consister la vérité matérielle : car une connaissance qui est vraie par rapport à un seul objet, peut être fausse par rapport à d'autres objets. Il est donc absurde d'exiger un critérium général, et cependant matériel, de la vérité, qui doive en même temps servir en faisant abstraction et en ne faisant pas abstraction de toute connaissance des objets.

Quant aux critères *généraux* et *formels*, il est facile de voir qu'ils sont possibles : car la vérité *formelle* consiste simplement dans l'accord de la connaissance avec elle-même, abstraction faite de tous

les objets et de leurs différences. Le critérium formel
de la vérité n'est donc autre chose que le caractère logique général de l'accord de la connaissance avec elle-
même, ou, ce qui est la même chose, avec les lois générales de l'entendement et de la raison.

Ces critères généraux formels sont sans doute insuffisants pour s'assurer de la vérité objective, mais ils
en sont néanmoins la condition *sine qua non*.

Car la question de l'accord de la connaissance avec
elle-même (quant à la forme) est antérieure à celle de
l'accord de la connaissance avec son objet ; et c'est
l'affaire de la logique.

Les critères formels de la vérité en logique sont :

1° Le *principe de contradiction*,

2° Le *principe de la raison suffisante*.

Le premier détermine la *possibilité logique*, le
second la *réalité logique* d'une connaissance.

La vérité logique d'une connaissance requiert donc :

1° Que cette connaissance soit possible, c'est-à-
dire qu'*elle ne soit pas contradictoire ;* mais ce caractère de la vérité logique interne est purement *négatif* : car une connaissance qui se contredit est fausse
à la vérité, mais elle n'est pas toujours vraie alors
même qu'elle ne se contredit pas.

2° Qu'elle soit *fondée logiquement*, c'est-à-dire,
1° qu'elle ait un principe, et 2° qu'elle n'ait pas de
conséquences fausses.

Ce second critérium de la vérité, caractère de la vérité logique externe, ou de la rationalité de la connaissance, est *positif*. Les deux règles suivantes reçoivent ici leur application.

1° *De la vérité de la conséquence* on peut conclure d'une manière *négative* seulement la vérité de la connaissance comme *principe* : en sorte que si une conséquence fausse découle d'une autre connaissance, cette dernière elle-même est fausse. Car si le principe était vrai, la conséquence devrait l'être également, parce que la conséquence est déterminée par le principe. Mais on ne peut pas conclure l'inverse, et dire que si d'une connaissance ne découlaient pas de fausses conséquences, cette connaissance serait vraie : car on peut tirer des conséquences vraies d'un principe faux.

2° *Si toutes les conséquences d'une connaissance sont vraies, cette connaissance elle-même est vraie* : car si la connaissance était fausse en quelque point, une fausse conséquence devrait aussi avoir lieu.

On conclut donc bien de la conséquence à un principe, mais sans pouvoir déterminer le principe lui-même sous le rapport de la vérité. Seulement, si toutes les conséquences sont vraies, on peut conclure que le *principe déterminé* dont elles émanent est également vrai.

La première manière de conclure, celle qui ne donne qu'un critérium *négatif* et *indirect* suffisant de la vérité d'une connaissance, s'appelle mode *apagogique (modus tollens)*.

Cette manière de raisonner, dont on fait souvent usage en géométrie, a l'avantage de démontrer la fausseté d'une connaissance par cela seul qu'on en tire une conséquence fausse : par exemple, pour faire voir que la terre n'est pas plate, je n'ai besoin que de conclure *apagogiquement* et indirectement sans établir de principes positifs et directs, que si la terre était plate, l'étoile polaire devrait toujours paraître à la même hauteur; or tel n'est point le cas : donc la terre n'est pas plate.

Dans l'autre manière de raisonner, *positive* et *directe (modus ponens)*, se présente l'inconvénient de ne pas pouvoir reconnaître apodictiquement l'universalité des conséquences, et de n'être conduit par cette espèce de raisonnement qu'à une connaissance vraisemblable et *hypothétiquement* vraie (des hypothèses), par la supposition que si plusieurs conséquences sont vraies, toutes les autres peuvent l'être également.

Nous pourrons donc établir ici trois principes, comme critères universels purement formels ou logiques de la vérité :

1° Le *principe de contradiction et d'identité*

(*principium contradictionis et identitatis*), par lequel est déterminée la possibilité interne d'une connaissance pour des jugements *problématiques*;

2° Le *principe de la raison suffisante* (*principium rationis sufficientis*), qui sert de fondement à la *réalité* (logique) d'une connaissance; principe qui établit que la connaissance est fondée, comme matière de jugements *assertoriques*;

3° Le *principe de l'exclusion d'un tiers* (*principium exclusi medii inter duo contradictoria*), qui sert de fondement à la nécessité (logique) d'une connaissance; — et qui établit qu'il faut nécessairement juger ainsi et pas autrement, c'est-à-dire que le contraire est faux. — C'est le principe des jugements *apodictiques*.

Le contraire de la vérité est la *fausseté,* qui s'appelle *erreur* en tant qu'elle est regardée comme une vérité. Un jugement erroné (car il n'y a d'erreur ni de vérité que dans le jugement) est donc celui qui confond l'apparence de la vérité avec la vérité même.

Il est facile de voir *comment la vérité est possible,* puisque ici l'entendement fait ses lois essentielles.

Mais il n'est guère plus facile de comprendre *comment l'erreur* est possible dans le sens formel du mot, c'est-à-dire *comment la forme de la pensée contraire à l'entendement* est possible, que de comprendre

comment une force quelconque doit s'écarter de ses
lois essentielles. — Nous ne pouvons pas plus chercher la raison de l'erreur dans l'entendement même
ou dans ses lois essentielles que dans ses *limites*, lesquelles peuvent bien être la cause de l'*ignorance*,
mais non pas de l'erreur. Si nous n'avions pas d'autre
faculté que l'entendement, nous ne nous tromperions
jamais ; mais nous avons encore une autre source indispensable de connaissances, la *sensibilité*, qui nous
fournit l'étoffe de la pensée, et qui agit d'après d'autres lois que l'entendement. — Cependant la sensibilité considérée en elle-même ne peut être une source
d'erreur, parce que les sens ne jugent absolument pas.

La raison fondamentale de toute erreur est donc
unique, et ne doit être cherchée que dans l'*influence
occulte de la sensibilité sur l'entendement,* ou,
pour parler plus exactement, sur le *jugement*. Cette
influence fait que, dans nos jugements, nous répu-
tons *objectifs* des principes purement *subjectifs*, et
par conséquent que nous prenons la *simple apparence
de la vérité* pour la *vérité même* : car l'essence d'une
apparence qui est dès lors réputée principe, consiste
à regarder comme vraie une connaissance fausse.

Ce qui rend l'erreur possible, c'est donc l'apparence
suivant laquelle le simple *subjectif* est pris pour l'*objectif*.

On peut bien, dans un certain sens, considérer aussi

l'entendement comme cause de l'erreur, en tant qu'il ne donne pas l'attention nécessaire à l'influence de la sensibilité, et qu'il se laisse ainsi porter, par l'apparence qui en résulte, à regarder le principe de détermination subjectif du jugement comme objectif, ou à faire valoir comme vrai suivant les lois de l'entendement, ce qui n'est vrai que suivant celles de la sensibilité (intellectuelle).

La cause de notre ignorance n'est donc que dans les limites de l'entendement; notre erreur nous est donc imputable. Si la nature ne nous a départi que peu de connaissances, en nous laissant dans une ignorance invincible sur une infinité de choses, elle n'est pourtant pas cause de nos erreurs. C'est notre penchant à juger et à décider, lors même que nous ne sommes pas en état de le faire, qui nous y précipite.

2°

Toute erreur dans laquelle l'esprit humain peut tomber n'est que *partielle*, en sorte qu'il doit toujours y avoir quelque chose de vrai dans tout jugement erroné. Une erreur *totale* serait un *renversement* complet des lois de l'entendement et de la raison. Comment pourrait-elle provenir de l'entendement, et valoir, en tant que jugement, comme produit de cet entendement!

A l'occasion du vrai et du faux dans notre connaissance, nous distinguons la connaissance *précise,* et celle qui est *vague* où *grossière.*

La connaissance est *précise,* lorsqu'elle est conforme à son objet, ou qu'il n'y a pas lieu à la moindre erreur par rapport à cet objet; elle est *vague,* sans netteté, au contraire, s'il y a possibilité d'erreur, sans cependant que cette erreur soit un obstacle à notre dessein.

Cette distinction concerne la *déterminabilité plus ou moins stricte de notre connaissance.* — Dans le principe, il est quelquefois nécessaire de déterminer largement une connaissance, particulièrement dans les choses historiques ou de fait. Mais dans les connaissances rationnelles tout doit être déterminé strictement. *Dans la détermination large,* on dit qu'une connaissance est déterminée *præter, propter* [ou relativement]. Il s'agit toujours, dans le but d'une connaissance, de savoir si elle doit être déterminée largement ou strictement. La détermination large laisse toujours place à l'erreur, mais cette erreur cependant peut avoir ses bornes assignables. L'erreur a particulièrement lieu dans le cas où une détermination large est prise pour une détermination stricte, par exemple dans les questions de moralité, où tout doit être déterminé strictement. Les Anglais appellent *latitudinaires* ceux qui ne déterminent pas leurs idées (1).

(1) Les latitudinaires en morale sont les casuistes trop faciles.
(*Note du trad.*)

Il faut distinguer la précision comme perfection objective de la connaissance, et qui consiste dans le rapport parfait de la connaissance avec son objet, de la
subtilité comme perfection subjective.

La connaissance d'une chose est subtile lorsqu'on
y découvre ce qui échappe ordinairement à l'attention
des autres. La subtilité exige donc une grande attention et une certaine force d'esprit. La vue de l'esprit
subtil s'appelle *perspicacité*.

Un grand nombre blâment toute subtilité, parce
qu'ils ne peuvent pas y atteindre ; mais en elle-même
la subtilité fait toujours honneur à l'entendement ; elle
est utile, nécessaire même dans l'observation des choses importantes. — Mais quand il n'est ni nécessaire
ni utile de se livrer à de semblables recherches, parce
que le but peut être atteint complétement et sûrement
sans cela, la subtilité est alors généralement condam-
née par le bon sens comme inutile (*nugæ difficiles*).

Le vague est à la précision comme la *grossièreté* à
la subtilité.

3°

La notion même de l'erreur, qui renferme, comme
nous l'avons dit, celle de la fausseté et l'apparence de
la vérité, fournit une règle importante pour s'en garantir : car aucune erreur n'est absolument *nécessaire*,
quoiqu'elle ne puisse pas en fait (ou *relativement*)

être évitée; puisque nous ne pouvons pas ne pas juger, même au risque de nous tromper. Pour éviter
l'erreur, on doit donc chercher à découvrir et à expliquer sa source, son apparence ; ce qu'ont fait peu de
philosophes. Ils n'ont cherché qu'à réfuter l'erreur,
sans s'inquiéter de la prévenir en dénonçant l'apparence dont elle découle. Et cependant cette découverte
de l'apparence et son explication auraient été un bien
plus grand service rendu à la vérité que la réfutation
directe de l'erreur même, puisque par là on n'en tarit
point la source, et qu'on ne peut empêcher que la
même apparence, qui n'est pas connue, ne conduise
à l'erreur dans d'autres circonstances : car alors même
que nous sommes persuadés que nous nous sommes
trompés, il nous reste toujours des *scrupules* toutes
les fois que l'apparence, source de l'erreur, n'est pas
dissipée, encore bien que nous puissions justifier ces
scrupules dans une certaine mesure.

En expliquant l'apparence, on donne en outre à celui qui se trompe une sorte de satisfaction, on lui rend
une justice qui lui est due : car personne ne conviendra
qu'il s'est trompé sans avoir été séduit par une
apparence de vérité qui aurait peut-être trompé un
plus habile, parce qu'il s'agit là de raisons subjectives.

Une erreur où l'apparence est évidente, même pour
le sens commun, s'appelle *absurdité*. Le reproche

d'absurdité est toujours une personnalité qu'on doit éviter, particulièrement dans la réfutation des erreurs.

Celui qui affirme une absurdité n'aperçoit pas l'apparence qui cause cette évidente fausseté ; il faut lui *rendre* cette apparence frappante ; alors s'il persévère dans son opinion, il est sans doute absurde, mais alors aussi on doit cesser de raisonner avec lui. Il s'est montré par le fait également incapable et indigne d'entendre raison et d'être redressé. On ne peut proprement *démontrer* à personne qu'il est absurde ; ce serait peine perdue. Si l'on prouve l'absurdité, alors on ne parle plus à l'homme qui se trompe, mais bien à l'homme raisonnable. Il n'est pas nécessaire de découvrir l'absurdité (*deductio ad absurdum*).

On peut appeler erreur *inepte* (*abgeschmackten*) celle que rien ne justifie, *pas même l'apparence*, comme on peut appeler erreur *grossière* (*grober*) celle qui trahit l'ignorance de connaissances ordinaires, ou qui décèle un défaut d'attention commune.

L'erreur de *principes* est plus grande que celle d'*application*.

4°

Un moyen *extérieur* de reconnaître la vérité, c'est la comparaison de notre propre jugement avec le jugement des autres, parce que le point de vue subjectif n'est pas le même chez tous ; ce qui peut servir à expliquer l'apparence. Si notre jugement n'est *pas conforme* à celui des autres, c'est comme un signe externe d'erreur. Ce fait doit nous porter à revoir notre jugement, mais non pas encore à le rejeter ; on peut avoir bien jugé *dans la chose* et mal seulement dans l'*énoncé* ou l'*expression*.

Le sens commun est aussi une pierre de touche pour découvrir l'erreur dans l'usage *artiel* (1) de l'entendement. Lorsqu'on se sert du sens commun comme d'une pierre de touche pour éprouver la légitimité de ses jugements *spéculatifs*, on dit qu'on s'*oriente* sur le sens commun.

5°

Les règles générales à suivre pour éviter l'erreur sont :

1° De penser par soi-même ;

2° De se mettre dans la position des autres, et de considérer les choses sous toutes leurs faces ;

3° D'être toujours d'accord avec soi-même.

On peut appeler la maxime de penser par soi-même, une façon de penser *éclairée* ; celle de se placer au point de vue des autres, une façon de penser *étendue* ; et celle d'être toujours d'accord avec soi-même, une façon de penser *conséquente* ou *bien liée* (*bündige*).

(1) *Artiel*, adjectif d'art ; *artistique*, adjectif d'artistes.(*N. du trad.*)

VIII

C

Perfection logique de la connaissance quant à la qualité.—*Clarté.* — Notion d'un élément ou d'un signe (*nota*) logique en général.— Différentes espèces de signes élémentaires. — Détermination de l'essence logique d'une chose. — Différence entre cette essence et l'essence réelle. — Lucidité, second degré de clarté. — Lucidité esthétique, lucidité logique. — Différence entre la lucidité analytique et la lucidité synthétique.

1°

Toute connaissance humaine considérée par rapport à l'entendement est *discursive* ou générale; c'est-à-dire qu'elle a lieu par des idées qui font de ce qui est commun à plusieurs choses le fondement de la connaissance, par conséquent au moyen de *caractères*, de *signes*, de notions élémentaires (*Merkmale*) (1).— Nous ne connaissons donc les choses que *par des caractères*; et le *reconnaître*, précisément, procède du *connaître*.

Un caractère est ce qui, par rapport à une chose, constitue une partie de la connaissance de cette

_____

(1) Tous ces mots sont pour nous synonymes : le plus propre, celui qui traduit littéralement *Merkmale*, est *caractère* ou *signe*. Signe ne veut donc dire dans ce cas que : *idée faisant partie d'une autre idée*, *idée élémentaire*. L'auteur a suivi le langage de l'école, langage dans lequel on indiquait un élément de la compréhension totale d'une idée par le mot *nota*. Voyez, par exemple, la Logique de Hobbes. (*N. du trad.*)

chose ; ou, ce qui revient au même, une *idée partielle,
en tant qu'elle est considérée comme connaissance
fondamentale de l'idée entière.*— Toutes nos notions
sont donc des caractères, et toute *pensée* n'est qu'une
représentation par des caractères.

Tout caractère peut être considéré de deux
manières :

1° Comme représentation en soi ;

2° Comme faisant partie, en tant que notion partielle, de l'idée totale d'une chose, et par suite comme
fondement de la connaissance de cette chose même.

Tous les caractères, considérés comme principes de
connaissance, sont susceptibles d'un *double* usage,
l'un *interne* ou de dérivation, l'autre *externe* ou de
comparaison. Le premier consiste dans la *dérivation,*
c'est-à-dire à se servir des caractères comme principes
de la connaissance des choses, pour connaître ces
choses mêmes. Le deuxième consiste à *comparer*
deux choses entre elles suivant les lois de l'*identité*
ou de la *diversité.*

2°

Il y a plusieurs différences spécifiques entre les
notions élémentaires ; c'est sur ces différences que se
fonde la classification suivante qu'on en fait.

1° Elles sont *analytiques* ou *synthétiques,* suivant qu'elles sont des notions partielles de ma notion

réelle (où je les pense déjà), ou suivant qu'elles forment des notions partielles de toute la notion *purement possible* (notion qui ne doit se *réaliser* que par
la synthèse de plusieurs parties). Les premières
sont des notions *rationnelles*, les dernières peuvent
être des *notions expérimentales*.

2° *Coordonnées* ou *subordonnées*. — Cette division des notions concerne leur liaison ou *collatérale*
ou *consécutive*. Elles sont coordonnées en tant que
chacune d'elles est représentée comme un signe *immédiat* de la chose ; subordonnées au contraire en
tant que l'une ne représente l'objet que par le moyen
de l'autre. Le rapport de coordination s'appelle *agrégat* ; celui de subordination, *série*. Le premier rapport, celui de l'agrégation des notions partielles coordonnées, forme la totalité de la notion, sans que, par
rapport aux notions synthétiques expérimentales, cet
agrégat puisse jamais être complet, parfait ; il res-
semble à une ligne droite *sans limites*.

La série des notions élémentaires subordonnées
aboutit d'une part (*a parte ante*), ou du côté des
principes, à des notions inexplicables, dont la sim-
plicité ne permet pas de décomposition ultérieure.
D'autre part (*a parte post*), ou du côté des conséquences, elle est au contraire *infinie, parce que, bien
que nous ayons un genre suprême, nous n'avons
pas à la rigueur d'espèce dernière.*

La lucidité *extensive*, ou en *étendue*, augmente dans l'agrégat des notions coordonnées par l'addition de chaque nouvelle notion. Il en est de même de la lucidité *intensive*, ou en *profondeur*, dans l'analyse progressive des notions subordonnées. Cette dernière sorte de lucidité, indispensable pour la *fondamentalité* et l'*enchaînement* de la connaissance, est par cette raison la principale affaire de la philosophie, et doit être portée au plus haut degré possible dans les recherches métaphysiques.

3° Les notions qui font partie d'autres notions sont *positives* ou *négatives* ; nous connaissons par les premières ce qu'est la chose, par celles-ci ce qu'elle n'est pas.

Les notions négatives servent à nous garantir de l'erreur. Elles ne sont donc pas nécessaires dans le cas où *il est impossible de se tromper*. Elles sont très-nécessaires, très-importantes, par exemple, par rapport à la notion que nous nous faisons d'un être *tel que Dieu*.

Au moyen des notions positives nous voulons donc *comprendre quelque chose*; au moyen des notions négatives, — auxquelles peuvent être ramenées toutes les notions partielles, — nous ne *comprenons pas mal* seulement, ou simplement nous ne nous *trompons pas*, dussions-nous ne rien pouvoir connaître de la chose.

4° Des notions élémentaires sont *importantes* et *fécondes*, ou *insignifiantes* et *vides*.

Une notion a le premier de ces caractères lorsqu'elle est un principe de connaissances abondant en conséquences importantes, soit par rapport à son usage interne ou de dérivation, en tant qu'il est suffisant pour connaître beaucoup dans la chose même, — soit par rapport à son usage *externe* ou de comparaison, en tant qu'il sert à connaître la *ressemblance* d'une chose avec un grand nombre d'autres, comme aussi la différence entre cette chose et plusieurs autres.

Du reste, il faut distinguer ici l'importance et la fécondité *logique*, de l'importance et de la fécondité *pratique*, ainsi que de l'*utilité* et de l'*emploi possible* (*Brauchbarkeit*).

5° Les notions élémentaires *suffisantes et nécessaires*, ou *insuffisantes et contingentes*.

Une notion de cette espèce est suffisante en tant qu'elle peut servir à distinguer une chose d'une autre chose; elle est insuffisante dans le cas contraire, — comme, par exemple, le caractère de l'aboiement par rapport au chien. — Mais la suffisance ainsi que l'importance des caractères ne peuvent être déterminées que dans un sens relatif, par rapport à la fin qu'on se propose dans l'étude.

Les caractères *nécessaires* sont enfin ceux qui doi-

vent toujours se retrouver dans la chose représentée.
On les appelle encore caractères *essentiels*; ils sont
opposés aux caractères *non essentiels* ou *contingents*,
qui n'entrent pas nécessairement dans la notion totale
de la chose.

Il y a encore une distinction à faire entre les caractères nécessaires : quelques-uns conviennent à la
chose *comme principes* d'autres caractères d'une
seule et même chose; *d'autres*, au contraire, ne
conviennent à une chose que *comme conséquences* d'autres caractères. Les premiers sont appelés
primitifs et *constitutifs* (*constitutiva*, *essentialia
in sensu strictissimo*). Les autres s'appellent attri-
buts (*consectaria*, *ratiocinata*), et font, il est vrai,
également partie de l'essence de la chose, mais en
tant seulement qu'ils ne doivent être dérivés que de
ses parties essentielles : c'est ainsi, par exemple,
que les trois angles, dans la notion du triangle, dérivent des trois côtés.

Les caractères *non essentiels* sont aussi de *deux
espèces*, suivant qu'ils concernent ou des déterminations *internes* d'une chose (*modi*), ou ses rapports
externes (*relationes*) : ainsi, par exemple, l'érudition
est une détermination interne de l'homme; être *maître* ou *valet*, n'en est qu'une détermination externe.

3°

L'ensemble de toutes les parties essentielles d'une chose, c'est-à-dire la suffisance de ses notions élémentaires quant à la coordination ou à la subordination, en est l'*essence* (*complexus notarum primitivarum interne dato conceptui sufficientium, est complexus notarum conceptum aliquem primitive constituentium*).

Il ne s'agit pas du tout dans cette explication de l'*essence réelle* ou *naturelle* des choses, que nous ne pouvons nullement connaître ; car la logique, faisant abstraction de toute matière de la connaissance, par conséquent aussi de la chose même, n'envisage que l'essence *logique* (ou nominale) des choses. Et cette essence est facile à faire connaître : il suffit pour cela de la connaissance de tous les prédicats par rapport auxquels un objet est déterminé *par sa notion* ; au lieu que pour connaître l'essence réelle de là chose (*esse rei*), il faudrait avoir la connaissance des prédicats dont dépend tout ce qui fait partie de son existence, comme principes de détermination. — Si donc nous voulons, par exemple, déterminer l'essence logique des corps, il n'est pas du tout nécessaire de chercher à cet effet les *données* (*data*) dans la nature ; — il suffit de réfléchir sur les notions élémentaires qui constituent primitivement, comme pièces essentielles (*constitutivæ rationes*), l'idée fondamentale de corps : car l'essence logique n'est pas même autre chose que la première *notion fondamentale de tous les caractères nécessaires d'une chose* (*Esse conceptus*).

4°

On distingue deux degrés de perfection dans la connaissance quant à la qualité. Le premier retient le nom de *clarté ;* le deuxième peut s'appeler *lucidité,* et résulte de la *clarté des notions élémentaires.*

Il faut distinguer *avant tout* la lucidité logique en général de la lucidité esthétique. — La lucidité logique repose sur la clarté objective des *caractères*, et la lucidité esthétique sur leur clarté subjective. La première est une clarté par des *notions*, la seconde une clarté par des *intuitions.* La seconde sorte de lucidité consiste dans une simple *vivacité* (*Lebhaftigkeit*) et dans l'*intelligibilité* (*Verstændlichkeit*), c'est-à-dire dans une simple clarté par des exemples *in concreto* (car beaucoup de choses peuvent être intelligibles, sans cependant être lucides ; et réciproquement, beaucoup de choses peuvent être claires, et néanmoins difficiles à entendre, parce qu'il faut remonter jusqu'à des notions éloignées dont l'union avec l'intuition n'est possible que par une longue série).

La lucidité objective cause souvent l'obscurité subjective, et réciproquement. La lucidité logique est donc souvent contraire à la lucidité esthétique; et réciproquement, la lucidité esthétique est souvent nuisible à la lucidité logique, à cause des comparaisons et des exemples qui ne conviennent pas parfaitement, mais qui ne sont pris que par analogie. — De plus, des exemples en général ne sont pas des notions élémentaires, et ne font pas partie des notions totales; ils n'appartiennent, comme intuitions, qu'à l'usage de la notion. Une lucidité par des exemples (la simple intelligibilité) diffère donc totalement de la lucidité par des notions comme caractères. — La *parfaite clarté* (*Helligkeit*) consiste dans l'union des deux lucidités, l'esthétique ou populaire, et la scolastique ou logique: car dans une *tête lucide* à ce point, on conçoit le talent d'une exposition lumineuse des connaissances abstraites et fondamentales proportionnées à la force de compréhension du *sens commun*.

En ce qui regarde *plus particulièrement* la lucidité logique, elle n'est *parfaite* qu'autant que toutes les notions partielles qui, prises ensemble, composent la notion totale, ont acquis de la clarté. — Une notion *parfaitement* ou *complétement* lucide, peut l'être quant à la totalité de ses *coordonnées* ou quant à la totalité de ses *subordonnées*. Dans le premier cas, la *lucidité* d'une notion est *extensivement* parfaite ou suffisante; c'est la lucidité de *détail* ou d'étendue (*Ausführlichkeit*). Dans le deuxième cas, elle l'est *intensivement*; ce qui constitue la lucidité *intensivement* parfaite, la *profondeur.*

La première espèce de lucidité logique peut encore s'appeler *perfection externe* des caractères (*completudo externa*); et la seconde, *perfection interne* de ces mêmes caractères (*completudo interna*). La seconde ne peut s'obtenir que des notions rationnelles pures et des notions arbitraires, mais non des notions expérimentales.

La quantité extensive de la lucidité s'appelle *précision* (*Abgemessenheit*), en tant qu'elle n'est pas abondante. La lucidité des détails (*Ausführlichkeit, completudo*), jointe à la précision, constitue la *justesse* (*cognitionem quœ rem adœquat*), *et la connaissance intensivement adéquate dans la profondeur, unie à la connaissance intensivement adéquate dans les détails et la précision, constitue la perfection absolue de la connaissance* (*consummata cognitionis perfectio*) *quant à la qualité.*

5°

Puisque l'œuvre de la logique est de *rendre claires* les notions, on peut se demander *de quelle manière* elle y parvient.

Les logiciens de l'école de *Wolff* supposent que les connaissances ne s'éclaircissent que par l'analyse. Cependant toute lucidité ne tient pas à l'analyse d'une notion donnée; cela n'est vrai que pour les caractères qui sont déjà pensés dans la notion, mais non pour les caractères qui ne s'ajoutent à la notion totale que comme parties de toute la notion possible.

La lucidité de cette dernière espèce ne résulte donc point de l'analyse, mais de la *synthèse*. Il y a en réalité une grande différence entre ces deux choses, *former une notion claire*, et *former clairement une notion*.

En effet, nous ne formons une notion claire qu'en allant des parties au tout. Il n'y a pas encore de caractères; nous ne les obtenons que par la synthèse. De ce procédé résulte la clarté synthétique, qui étend en réalité le contenu de ma notion par l'addition qui y est faite d'un caractère intuitif (pur ou empirique). C'est ce procédé synthétique qu'emploient le mathématicien et le naturaliste pour élucider les notions : car toute lucidité de la connaissance mathématique proprement dite, ainsi que de la connaissance expérimentale, repose sur l'extension de cette connaissance par la synthèse des signes.

Mais lorsque nous rendons clairement une notion, alors la connaissance ne gagne rien, par cette pure décomposition quant à la matière ou au contenu, qui reste le même; seulement la forme est changée, puisque nous n'apprenons qu'à mieux distinguer ou à connaître d'une conscience plus claire ce qui était déjà dans la notion donnée. Comme la simple enluminure d'une carte n'ajoute rien à la carte elle-même, de même le simple éclaircissement analytique d'une notion donnée ne l'augmente en rien.

La synthèse éclaircit plutôt les *objets*, et l'analyse les *notions*. Dans l'analyse *le tout est donné avant les parties*. C'est *le contraire* dans la synthèse. Le philosophe ne fait qu'éclaircir les notions données. — Quelquefois cependant il procède synthétiquement, quand même la notion qu'il veut éclaircir de cette manière est déjà *donnée*. C'est ce qui a lieu souvent dans les propositions empiriques, lorsqu'on n'est pas satisfait des éléments déjà pensés dans une notion donnée.

Le procédé analytique pour produire la lucidité, le seul dont la logique puisse s'occuper, est la première et principale condition pour l'élucidation de notre connaissance. Plus nos connaissances sont claires, plus elles sont fortes et puissantes. Toutefois l'analyse ne doit pas être poussée jusqu'à l'infiniment petit, de manière à faire disparaître pour ainsi dire l'objet en le réduisant en poussière.

Si nous avions conscience de tout ce qui se passe en nous, nous serions étonnés du nombre prodigieux de nos connaissances.

6°

Quant à la valeur objective de notre connaissance

en général, on peut établir les degrés progressifs suivants :

1° Le premier degré de la connaissance consiste à
se *représenter* (*vorstellen*) quelque chose ;

2° Le deuxième, à se représenter avec conscience,
ou à *percevoir* (*percipere*) ;

3° Le troisième, à *connaître* quelque chose par
comparaison avec autre chose, tant sous le rapport
de l'*identité* que sous celui de la *diversité* (*noscere*) ;

4° Le quatrième, à connaître *avec conscience*
(*cognoscere*). Les animaux connaissent les objets,
mais pas *avec conscience ;*

5° Le cinquième, à *entendre* (*intelligere*), c'est-à-
dire à connaître *par l'entendement en vertu de no-*
tions ou à *concevoir*. Ce fait est très-différent du
comprendre (*begreifen*). On peut concevoir beaucoup
de choses, quoiqu'on ne puisse pas les comprendre :
c'est ainsi qu'on peut concevoir, par exemple, un
mouvement perpétuel, dont l'impossibilité est démontrée en mécanique ;

6° Le sixième, à distinguer (*erkennen*) ou à *péné-*
trer (*einsehen*) quelque chose par la raison (*perspicere*).
Nous ne parvenons jusque-là que dans un petit nombre d'objets, et nos connaissances sont toujours d'autant moins nombreuses que nous voulons les perfectionner davantage.

7° Le septième enfin, à *comprendre* (*begreifen,*

comprehendere) quelque chose, c'est-à-dire, à côn-
naître par la raison ou *a priori* ce qui suffit à nos fins.
— Car tout notre comprendre n'est que *relatif*, c'est-
à-dire suffisant pour une certaine fin ; *absolument*,
nous ne comprenons rien. — Rien ne peut être compris que ce que démontre le mathématicien ; par
exemple, que toutes les lignes dans un cercle sont pro-
portionnelles. Et cependant il ne comprend pas d'où
vient qu'une figure si simple ait ses propriétés. Le
champ de l'intellection (*Verstehens*) ou de l'entendement est donc en général beaucoup plus grand que
celui de la compréhension (*Begreifens*) ou de la raison.

IX

D

1°

La vérité est une *qualité objective* de la connaissance ; — mais le jugement par lequel on *se représente* quelque chose comme vrai, — le rapport de ce

jugement à une intelligence donnée, et par conséquent à un sujet particulier,— constitue la *croyance (Für-wahrhalten) subjective.*

La croyance est en général *certaine* ou *incertaine*. La croyance certaine ou la *certitude* est accompagnée de la conscience de la nécessité. La croyance incertaine, au contraire, ou la *non-certitude*, est accompagnée de la conscience de la contingence ou de la possibilité de l'opposé de ce qu'on croit. — Or la non-certitude est insuffisante tant *subjectivement* qu'*objectivement ;* ou bien elle est *objectivement* insuffisante, mais suffisante *subjectivement*. Dans le premier cas, il y a *opinion ;* dans le second cas, il y a *foi.*

Il y a donc *trois sortes* de croyance : l'*opinion*, la *foi* et la *science.* — L'opinion s'exprime par un jugement *problématique*, la foi par un jugement *assertorique*, et la certitude par un jugement *apodictique.* Car ce que j'opine simplement, n'est regardé dans ma pensée que comme *problématiquement certain ;* ce que je crois est *affirmé* par moi comme *assertoriquement certain*, mais non comme *objectivement*, nécessairement valable, quoiqu'il le soit subjectivement (ou pour moi seul); enfin, ce dont je suis *certain* est affirmé par moi comme *apodictiquement certain*, c'est-à-dire comme nécessaire généralement et objectivement (valant pour tout le monde), à supposer toutefois que l'objet auquel se rapporte cette croyance certaine soit une vérité purement empirique. Cette distinction de la croyance en trois *modes*, au surplus, ne regarde que la *faculté de juger* par rapport au critérium subjectif de la soumission d'un jugement à des règles objectives.

C'est ainsi, par exemple, que la croyance à l'immortalité serait simplement *problématique*, si nous agissions *comme si nous devions être immortels;* *assertorique si nous croyions que nous* sommes *immortels; et apodictique* enfin *si nous étions tous certains* qu'il y a une autre vie après celle-ci.

Il y a une différence essentielle, que nous allons faire connaître, entre *opiner, croire* et *savoir* ou *être certain.*

1° *Opiner.* — L'opiner, ou le croire par des raisons qui ne sont suffisantes ni subjectivement ni objectivement, peut être considéré comme un jugement *provisoire (sub conditione suspensiva ad interim)* dont on ne peut pas facilement se passer. Il faut nécessairement opiner d'abord avant d'admettre et d'affirmer; mais il faut aussi se garder de prendre une opinion pour quelque chose de plus que pour une simple opinion. — L'opinion est en général le début de toute notre connaissance. Quelquefois nous avons un pressentiment obscur de la vérité; une chose peut renfermer pour nous le signe de la vérité; une chose nous semble avoir les caractères de la vérité ; — nous pressentons la vérité avant de la connaître avec une certitude déterminée.

Mais dans quel cas y a-t-il proprement simple opinion ? — Dans aucune des sciences qui ont pour objet des connaissances *a priori* : par conséquent pas dans les mathématiques, ni dans la métaphysique, ni dans la morale, mais uniquement dans les connaissances *empiriques*, en physique, en psychologie, etc. ; car il est contradictoire d'*opiner a priori*. Y aurait-il rien de plus ridicule, par exemple, que d'opiner en mathématiques ? Ici, comme en métaphysique et en morale, il y a *science* ou *ignorance*. Les *choses d'opinion* ne peuvent donc jamais être que des objets d'une connaissance expérimentale, connaissance possible *en soi*, il est vrai, et qui n'est impossible *pour nous* qu'à cause des limites empiriques des conditions de notre faculté d'expérimenter, et du degré de cette faculté : ainsi, par exemple, l'*éther* des physiciens modernes est une chose de simple opinion ; car j'aperçois à l'occasion de cette opinion, comme à l'occasion de toute opinion en général, quelle qu'elle puisse être, que l'opinion contraire pourrait peut-être se démontrer. Ma croyance est donc ici insuffisante, objectivement et subjectivement, quoique, considérée en elle-même, elle puisse être complète.

2° *Croire* [dans le sens étroit, foi]. — La foi ou la

croyance d'après un principe subjectivement suffisant mais objectivement insuffisant, se rapporte aux objets dont on ne peut non-seulement rien *savoir*, mais encore rien opiner ; dont on ne peut pas même pénétrer la vraisemblance, mais dont on peut simplement avoir la certitude qu'il n'y a pas de contradiction à les penser comme on le fait. Tout le reste est ici une *libre* croyance qui ne peut être nécessaire qu'au point de vue pratique *a priori*, — croyance par conséquent de ce que j'admets par des raisons *morales*, mais avec la certitude que le *contraire* ne pourra jamais être démontré (1).

(1) La foi n'est pas une source particulière de connaissance : c'est une espèce de croyance imparfaite avec conscience. Elle se distingue, lorsqu'on la considère comme restreinte à une espèce particulière d'objets (qui n'appartiennent qu'à la foi), de l'opinion , non par le degré , mais par le rapport qu'elle a, comme connaissance, avec l'action. C'est ainsi, par exemple, que le négociant doit, pour conclure un marché , ne pas simplement opiner qu'il y aura quelque chose à gagner, mais le croire ; c'est-à-dire que son opinion sur l'entreprise est suffisante sans être certaine. Or si nous avons des connaissances théoriques (du sensible), où nous puissions parvenir à la certitude, et par rapport à tout ce que nous pouvons appeler connaissance humaine, cette connaissance doit être possible. Nous avons aussi de ces connaissances certaines, et même parfaitement *a priori*, dans les lois pratiques ; mais ces lois se fondent sur un principe sursensible (celui de la liberté), et, *en nous-mêmes*, comme principe de la raison pratique. Mais cette raison pratique est une causalité par rapport à un objet également sursensible, *le souverain bien*, que nous ne pouvons nous procurer dans le monde sensible. Néanmoins la nature, comme objet de notre connaissance théorique, doit s'y rapporter : car la *conséquence* ou l'*effet* de cette idée doit se trouver dans le monde sensible. — Nous devons donc agir de manière à réaliser cette fin.
Nous trouvons aussi dans le monde sensible les traces d'un *ordre rai-*

Les matières de foi ne sont donc pas :

a) Des objets de la connaissance *empirique*. La foi qu'on appelle historique ne peut donc être propre-

sonné, et nous croyons que la cause cosmique agit aussi avec sagesse *morale* pour le souverain bien. C'est là une croyance qui est suffisante pour l'action, c'est-à-dire une *foi*. — Or si nous n'avons pas besoin de cette foi pour agir d'après des lois morales, puisqu'*elles* sont données par la raison pratique seule, nous avons besoin d'admettre une sagesse suprême pour objet de notre volonté morale, sur lequel nous ne pouvons nous empêcher de régler nos fins en dehors de la simple légalité de nos actions. Quoiqu'il n'y ait là aucun rapport *objectif* nécessaire avec notre libre arbitre, le souverain bien est cependant l'objet *subjectivement* nécessaire d'une bonne volonté (même humaine), et la foi que cet objet peut être atteint est nécessaire à cet effet.

Entre l'acquisition d'une connaissance par expérience (*a posteriori*) et par la raison (*a priori*), il n'y a pas de milieu. Mais entre la connaissance d'un objet et la simple supposition de sa possibilité, il y a un milieu, à savoir, une raison empirique ou une raison rationnelle d'admettre cette possibilité par rapport à une extension nécessaire du champ des objets possibles en dehors de ceux dont la connaissance est à notre portée. Cette nécessité n'a lieu qu'en ce sens, puisque l'objet est connu comme pratiquement nécessaire et par la raison pratique : car c'est toujours une affaire *accidentelle* que d'admettre quelque chose en faveur de la simple extension de la connaissance théorique. —Cette supposition pratiquement nécessaire d'un objet est celle de la possibilité du souverain bien comme objet du libre arbitre, par conséquent aussi la supposition de la condition de cette possibilité (Dieu, la liberté, et l'immortalité). Telle est la nécessité subjective d'admettre la réalité de l'objet à cause de la détermination nécessaire de la volonté. Tel est le *casus extraordinarius* sans lequel la raison pratique ne peut subsister par rapport à sa fin nécessaire ; et il y a lieu de reconnaître ici pour elle une *favor necessitatis* dans son propre jugement. Elle ne peut logiquement acquérir aucun objet, elle ne peut que repousser l'obstacle à l'usage de cette *idée*, qui lui appartient pratiquement.

Cette foi est la nécessité d'admettre la réalité objective d'une notion (du souverain bien), c'est-à-dire la possibilité de son objet, comme ment appelée foi, c'est-à-dire dans le sens opposé à la certitude, puisqu'elle peut être certaine. La croyance à un témoignage ne diffère, ni quant au degré, ni quant à l'espèce, de la croyance par expérience personnelle.

b) L'objet de la foi n'est pas non plus un objet de la connaissance rationnelle (connaissance *a priori*), soit théorique, par exemple les mathématiques et la métaphysique, soit pratique, comme la morale.

On peut, il est vrai, croire les vérités rationnelles,

objet nécessaire *a priori* du libre arbitre. — Si nous ne faisons attention qu'aux actions, nous n'avons pas cette foi nécessaire. Mais si nous voulons, par des actions, nous mettre en possession de la fin par là possible, nous devons admettre alors que cette fin est absolument possible. — Je puis donc dire seulement : Je me vois forcé par ma fin, suivant les lois de la liberté, à reconnaître possible un souverain bien dans le monde, mais *je n'y puis forcer aucun autre par des raisons* (la foi est *libre*).

La foi rationnelle ne peut donc jamais aboutir à la connaissance théorique : car il n'y a qu'*opinion* partout où la croyance est objectivement insuffisante. Cette foi rationnelle est simplement une supposition de la raison sous un rapport subjectivement pratique, mais absolument nécessaire. L'intention conforme aux lois morales conduit à un objet déterminable par raison pure. La supposition de la réalisation possible de cet objet, et par conséquent aussi de la réalité de la cause propre à produire cet effet, est une foi *morale*, ou une croyance libre mais nécessaire, dans le but moral d'accomplir ses fins.

La confiance en la fidélité aux engagements (*fides*) est proprement la foi subjective qu'ont deux parties qui contractent ensemble qu'elles tiendront leur promesse. *Confiance* et *croyance* ont lieu, la première quand le pacte est fait, la seconde quand on doit le conclure.

En suivant cette analogie, la raison pratique est en quelque sorte le *promettant* ; l'homme, *celui auquel la promesse est faite* ; et le bien attendu par suite de l'œuvre, la *chose promise.*

mathématiques sur témoignage, tant parce que l'erreur n'est pas possible ici, que parce qu'elle peut être facilement découverte ; mais on ne peut cependant pas les savoir de cette manière. Les vérités rationnelles philosophiques ne peuvent pas même être crues, elles ne peuvent qu'être sues : car la philosophie ne sait ce que c'est que la simple persuasion. — Pour ce qui est de l'objet de la connaissance rationnelle pratique en morale, je veux parler des droits et des devoirs, il n'y a pas non plus lieu à la simple foi : on doit être *parfaitement* certain si quelque chose est juste ou injuste, conforme au contraire au devoir, permis ou défendu. En fait de morale, on ne peut rien *laisser à l'incertitude*, rien résoudre *au péril de violer la loi morale*. Par exemple, ce n'est pas assez pour le juge qu'il *croie simplement* que celui qui a commis un crime l'a réellement commis : il doit le savoir (juridiquement), sans quoi il décide sans certitude.

c) Il n'y a donc d'objets de foi que ceux à l'occasion desquels la croyance est nécessairement libre, c'est-à-dire pas déterminée par un principe objectif de vérité, indépendant de la nature et de l'intérêt du sujet.

La foi ne donne donc, par les principes purement subjectifs, aucune conviction que l'on puisse faire partager, et ne commande aucun assentiment universel, comme le fait la conviction qui résulte de la science. *Moi seul* je puis être certain de la valeur et de l'invariabilité de ma foi pratique ; et ma foi à la vérité d'une proposition, à la réalité d'une chose, est ce qui, par rapport à moi, tient simplement lieu d'une connaissance sans être cependant une connaissance.

L'*incrédule* moral est celui qui n'admet pas ce qu'il est à la vérité impossible de savoir, mais qu'il est *moralement nécessaire* de supposer. Cette sorte d'incrédulité a toujours son principe dans un défaut d'intérêt moral. Plus le sentiment moral d'un homme est grand, plus ferme et plus vive doit être aussi sa foi en tout ce qu'il se sent forcé d'admettre et de supposer par intérêt moral, sous un point de vue pratiquement nécessaire.

3° *Savoir*. — La croyance qui dérive d'un principe de connaissance valable tant objectivement que subjectivement, ou la certitude, est empirique ou rationnelle, suivant qu'elle se fonde ou sur l'*expérience* soit personnelle, soit étrangère, ou sur la *raison*. Elle se rapporte donc aux deux sources dont toutes nos connaissances dérivent : l'*expérience* et la *raison*.

La certitude rationnelle est ou mathématique ou philosophique ; la première est *intuitive*, la seconde *discursive*.

La certitude mathématique s'appelle aussi *évidence*, parce qu'une connaissance intuitive est plus claire qu'une discursive. Quoique les connaissances rationnelles mathématiques et philosophiques soient également certaines en elles-mêmes, la certitude de l'une de ces sciences est cependant différente de la certitude de l'autre.

La certitude empirique est primitive (*originarie empirica*), quand je suis certain de quelque chose par expérience *propre* ; elle est *dérivée* (*derivative empirica*), quand je suis certain de quelque chose par l'expérience d'*autrui ;* c'est cette dernière sorte de certitude empirique qu'on appelle ordinairement certitude *historique.*

La certitude rationnelle se distingue de la certitude empirique par la conscience de la *nécessité* qui l'accompagne ; — c'est donc une certitude *apodictique,* tandis que la certitude empirique n'est au contraire qu'une certitude *assertorique.* — On est rationnellement certain de ce que l'on connaît *a priori.* Nos connaissances peuvent donc concerner des objets de l'expérience, et néanmoins leur certitude peut être en même temps empirique et rationnelle quand nous connaissons par des principes *a priori* une proposition empiriquement certaine.

Nous ne pouvons pas avoir une certitude rationnelle de toutes choses ; mais il faut la préférer à la certitude empirique toutes les fois qu'on peut l'obtenir.

Toute certitude est ou *médiate,* ou *immédiate,* sui-

vant qu'elle a besoin d'une preuve, ou qu'elle n'en a
pas besoin, ou n'en est pas susceptible. — Quel que
soit le nombre des connaissances qui ne sont certaines
que d'une certitude médiate ou par démonstration, il
doit y avoir aussi dans notre esprit des connaissances
indémontrables ou *immédiatement certaines*, d'où
toutes les autres doivent émaner.

Les preuves sur lesquelles repose toute certitude
médiate d'une connaissance sont ou *directes* ou *indi-
rectes* (c'est-à-dire *apagogiques*). — Lorsque je
prouve une vérité par des principes, j'en donne une
preuve directe ; quand, au contraire, je conclus de la
fausseté d'une proposition à la vérité de son opposée,
j'en donne une preuve apagogique. Mais pour que cette
dernière preuve soit valable, les propositions doivent
être *contradictoires*, ou *diamétralement opposées* ;
car deux propositions qui ne seraient opposées que
contrairement l'une à l'autre, pourraient être fausses
toutes deux. Une preuve qui sert de fondement à la
certitude mathématique s'appelle *démonstration* ; et
celle qui sert de fondement à la certitude philosophique est une preuve *acroamatique*. Les parties essentielles d'une preuve, en général, sont la *matière* et la
forme, ou le fondement *de la preuve* (Beweis *grund*)
et la *conséquence*.

La *science*, c'est-à-dire l'ensemble *systématique*
d'un ordre de connaissances, résulte de la certitude.

La science est opposée à la connaissance *commune*, c'est-à-dire à l'ensemble d'une connaissance comme *simple agrégat*. Le système repose sur une idée du tout, qui précède les parties ; dans la connaissance commune, au contraire, les parties précèdent le tout. — Il y a des sciences *historiques* et des sciences *rationnelles*.

2°

De toutes les observations que nous avons faites jusqu'ici sur la nature et les espèces de croyances, nous pouvons tirer ce résultat général : que toute notre conviction est ou *pratique* ou *logique*. — Lorsque nous savons que nous sommes exempts de tous principes subjectifs, et que la croyance est cependant suffisante, alors nous sommes convaincus, et *logiquement* convaincus, ou par des raisons *objectives* (l'objet est certain).

La croyance complète par des raisons subjectives, qui valent autant, sous le *rapport pratique*, que des principes objectifs, constitue aussi la conviction, non-seulement logique, mais encore *pratique* (*je suis certain*) ; et cette conviction pratique ou cette *foi morale de raison* est souvent plus ferme que le savoir. Dans le savoir on peut encore faire attention aux raisons contraires à la proposition qu'on adopte, mais non pas dans la foi, parce qu'il ne s'agit pas ici de raisons objectives, mais de l'intérêt moral du sujet (1).

La *persuasion* (*Ueberredung*), qui est une croyance fondée sur des principes insuffisants, dont on ignore s'ils sont simplement subjectifs ou bien encore objectifs, est opposée à la conviction (*Ueberzeugung*).

La persuasion précède souvent la conviction. Il est un grand nombre de connaissances à l'occasion desquelles nous n'avons que la conscience de ne pouvoir juger si les raisons de notre croyance sont objectives ou subjectives. Afin de pouvoir passer de la simple persuasion à la conviction, nous sommes obligés de *réfléchir*, c'est-à-dire de voir à laquelle de nos capacités intellectuelles se rapporte notre connaissance; et alors nous *examinons* si les principes sont ou non suffisants par rapport à l'objet. Nous restons dans la persuasion à l'égard d'une multitude de choses ; dans

(1) Cette conviction pratique est donc la *foi morale de raison*, qui seule est appelée foi dans l'acception la plus stricte du mot, foi qui doit être opposée au savoir et à toute conviction théorique ou logique en général, parce qu'elle ne peut jamais s'élever jusqu'au savoir. La foi historique, au contraire, ne doit pas, ainsi qu'on l'a déjà remarqué, être distinguée du savoir, puisque, comme une sorte de croyance théorique ou logique, elle peut même être un savoir. Nous pouvons admettre une vérité empirique sur le témoignage d'autrui avec la même certitude que si nous y étions parvenus par des faits de l'expérience personnelle. S'il y a quelque chose de trompeur dans la première espèce de savoir empirique, il en est de même dans la dernière.

Le savoir empirique historique ou médiat repose sur la certitude des témoignages. Pour n'être pas rejetable, un témoignage doit être *authentique et intègre*.

quelques-unes nous nous élevons jusqu'à la réflexion (*Ueberlegung*) ; dans un très-petit nombre jusqu'à l'examen (*Untersuchung*). — Celui qui sait ce qu'il faut pour être certain, ne confondra pas facilement la persuasion et la conviction, et ne se laissera pas non plus persuader facilement. — Il y a une raison déterminante pour l'adhésion, qui résulte de raisons objectives et subjectives, et la plupart des hommes ne distinguent pas cette action mixte des deux sortes de principes.

Quoique toute persuasion soit fausse quant à la forme (*formaliter*), à savoir, lorsqu'une connaissance incertaine paraît certaine, elle peut néanmoins être vraie quant à la matière (*materialiter*). Elle se distingue aussi de l'opinion, qui est une connaissance incertaine, *en tant qu'elle est réputée incertaine*.

La force de la croyance se met à l'épreuve par les *gageures* ou les *serments*. C'est assez d'une suffisance *comparative* pour parier ; mais pour faire serment, il faut une suffisance *absolue* fondée sur des principes *objectifs*, ou du moins une croyance subjective absolument suffisante.

3°

On fait souvent usage des expressions : *adhérer à un jugement, retenir son jugement*, le *suspendre*, l'*émettre*, etc. Ces locutions et autres semblables paraissent indiquer qu'il y a de l'arbitraire dans notre jugement, puisque nous tenons quelque chose pour vrai parce que nous voulons le tenir pour vrai. On demande donc *si la volonté a quelque influence sur le jugement.*

La volonté n'a aucune influence immédiate sur la croyance : ce serait absurde. Quand on dit *que nous croyons volontiers ce que nous désirons*, ce n'est pas dire autre chose, si ce n'est que nous nous complaisons dans nos désirs, par exemple un père dans les vœux qu'il fait pour ses enfants. Si la volonté avait une influence immédiate sur ce que nous désirons, nous nous repaîtrions constamment des chimères d'une félicité parfaite, et nous les tiendrions toujours pour vraies. Mais la volonté ne peut pas lutter *contre* les preuves convaincantes de vérités qui sont contraires aux vœux qu'elle forme et aux inclinations qui la sollicitent.

En tant que la volonté excite l'entendement à la recherche d'une vérité ou l'en détourne, on doit lui reconnaître une influence sur l'*usage de l'entendement*, et médiatement aussi sur la persuasion même, puisque celle-ci dépend si fort de l'usage de l'entendement.

Mais pour ce qui est de *différer* ou de *retenir* son jugement, ce n'est que la résolution de ne pas faire d'un jugement purement *provisoire* un jugement *défi-*

nitif et *déterminant*. Un jugement provisoire est un jugement par lequel je vois, il est vrai, plus de raisons *pour* la vérité d'une chose que *contre* cette vérité, mais tout en m'apercevant bien que ces raisons ne suffisent pas pour fonder un jugement *déterminant* ou *définitif*. Le provisoire est donc un jugement purement problématique porté avec conscience de ce caractère.

La suspension du jugement peut avoir lieu par deux raisons : *ou* pour rechercher les motifs d'un jugement déterminant, *ou* pour ne juger *jamais*. Dans le premier cas, la suspension du jugement est une suspension *critique* (*suspensio judicii indagatoria*); dans le second cas, elle est *sceptique* (*suspensio judicii sceptica*) : car le sceptique renonce à tout jugement, tandis que le véritable philosophe ne fait que suspendre le sien, en tant qu'il n'a pas de raisons suffisantes de regarder une proposition comme vraie.

Pour suspendre *à propos* ou d'une manière raisonnée son jugement, il faut une longue habitude de juger et de réfléchir, habitude qui ne se trouve guère que dans les personnes d'un certain âge. C'est une chose, en général, très-difficile que de s'abstenir de juger, tant parce que notre entendement est si désireux de s'exercer par le jugement et d'étendre ses connaissances, que parce que nous sommes toujours plus portés à croire certaines choses que d'autres;

mais celui qui souvent a dû revenir de ses jugements, et qui, par ce moyen, est devenu prudent et prévoyant, ne jugera pas si promptement, crainte d'être obligé de revenir encore par la suite sur son jugement. Cette rétractation est toujours pénible, et fait concevoir de la défiance pour toutes les autres connaissances.

Nous remarquerons encore ici qu'autre chose est de tenir son jugement en doute, et autre chose de le tenir en suspens. Dans ce dernier cas, j'ai toujours un intérêt à la chose, tandis que dans le premier il n'est pas toujours conforme à mon but et à mon intérêt de décider si la chose est vraie ou si elle ne l'est pas.

Les jugements provisoires sont très-nécessaires, indispensables même pour l'usage de l'entendement dans toute méditation et dans toute recherche ; ils servent à diriger l'esprit dans les investigations, et à lui mettre en main les matériaux sur lesquels il doit s'exercer.

Lorsque nous méditons sur un objet, toujours nous devons juger provisoirement d'abord, et anticiper, flairer en quelque sorte, la connaissance qui nous est donnée en partie par la méditation ; et lorsqu'on se livre à des recherches, on doit toujours se faire un plan provisoire, sans quoi les pensées vont à l'aventure. On peut donc établir des *maximes* pour la recherche d'une chose. On pourrait encore les nommer *anticipations*, parce qu'on anticipe par des jugements provisoires sur les jugements définitifs qu'on devra porter plus tard. — Comme ces jugements ont leur utilité, il est convenable de donner des règles pour bien juger provisoirement.

4°

Il faut distinguer les jugements provisoires des *préjugés*.

Les préjugés sont des jugements provisoires *en tant qu'ils sont admis comme principes*. — Tout préjugé doit donc être regardé comme un principe de jugements erronés. Les préjugés engendrent, non pas des préjugés, mais des jugements erronés. — Il faut donc distinguer la fausse connaissance qui résulte d'un préjugé d'avec sa source, c'est-à-dire d'avec le préjugé lui-même. Ainsi, par exemple, la signification des songes n'est pas en elle-même un préjugé, mais bien une erreur qui résulte de la règle admise trop largement, que ce qui arrive quelquefois arrive toujours et doit toujours être regardé comme vrai; et ce principe, qui comprend la signification des songes, est un préjugé.

Quelquefois les préjugés sont de véritables jugements provisoires; seulement ils ne doivent pas valoir pour nous comme principes ou comme jugements définitifs. La cause de cette illusion consiste en ce que l'on répute faussement pour objectifs les principes subjectifs, *par défaut de la réflexion* qui doit précéder tout jugement. Car nous pouvons bien admettre plusieurs connaissances, par exemple des propositions immédiatement certaines, sans les *examiner*, c'est-à-dire sans rechercher les conditions de leur vérité; mais nous ne pouvons et nous ne devons même porter notre jugement sur rien sans *réfléchir*, c'est-à-dire sans comparer une connaissance avec la faculté de connaître dont elle doit sortir (la sensibilité ou l'entendement). Si nous admettons des jugements sans cette réflexion, nécessaire même où il n'y a pas lieu à examen, nos jugements sont des préjugés, ou des principes pour juger par des causes subjectives qui sont faussement regardées comme des raisons objectives.

Les principales sources des préjugés sont l'*imitation*, l'*habitude* et l'*inclination*.

L'imitation a une influence générale sur nos jugements : c'est une forte raison pour tenir vrai ce que d'autres nous donnent comme tel. C'est donc un préjugé que de dire : Ce que tout le monde fait est bien. — Pour ce qui est des préjugés qui résultent de l'habitude, ils ne peuvent être déracinés qu'à force de temps, puisque l'entendement, retenu dans son jugement par des raisons contraires, s'est insensiblement accoutumé à une façon de penser opposée.

Mais si un préjugé d'habitude est en même temps d'imitation, l'homme qui s'y trouve livré en guérit difficilement. — Un préjugé d'imitation peut aussi s'appeler l'*inclination à l'usage passif de la raison*, ou au *mécanisme de la raison*, au lieu de son usage *spontané* et *régulier*.

La raison est à la vérité un principe actif qui ne doit rien emprunter de la simple autorité d'autrui, pas même de l'expérience, pour que son usage soit pur. Mais la paresse d'un grand nombre d'hommes fait qu'ils marchent plus volontiers sur les pas des autres que de se tracer leur propre route en faisant usage de leur entendement. Ces hommes ne peuvent jamais être que des copies ; et si tous se comportaient ainsi, le monde resterait stationnaire : il est donc nécessaire et très-important que la jeunesse ne se fasse pas servile imitatrice, comme il arrive souvent.

Plusieurs choses encore nous portent à nous habituer à l'imitation, et font ainsi de la raison un sol fécond en préjugés. A ces auxiliaires de l'imitation appartiennent :

1° Les *formules*, qui sont des règles dont l'expression sert de modèle à l'imitation. Elles sont du reste extrêmement utiles, et les esprits lucides y tendent toujours ;

2° Les *dictons*, dont l'expression est si riche et si pleine de sens qu'il semble impossible d'en dire davantage en aussi peu de mots. Ces expressions (*dicta*), qui doivent toujours être empruntées de ceux auxquels on accorde une sorte d'infaillibilité, servent ainsi de règle et de loi. — Les *dicta* de la Bible s'appellent sentences κατ' ἐξοχήν ;

3° Les *sentences*, c'est-à-dire les propositions qui se recommandent et qui conservent souvent leur autorité pendant des siècles comme produits d'un jugement mûri et vérifié par l'expérience ;

4° Les *canons* ou sentences doctrinales universelles qui servent de fondement aux sciences, et qui expriment quelque chose d'élevé et de réfléchi. On peut encore les exprimer d'une manière sentencieuse, afin de leur donner plus d'agrément ;

5° Les *proverbes*, qui sont les règles populaires du sens commun, ou les expressions des jugements populaires ; — mais ils ne servent de sentences et de canons qu'au vulgaire.

5°

Parmi les préjugés scientifiques qui naissent des trois sources précédentes, particulièrement de l'imitation, nous distinguerons, comme les plus ordinaires :

1° Les préjugés d'autorité, — au nombre desquels il faut compter :

a) Le *préjugé qui tient à la considération des personnes*. — Lorsque, dans les choses qui reposent sur l'expérience et le témoignage, nous faisons porter notre connaissance sur la considération que nous avons pour d'autres personnes, nous ne tombons pas dans un préjugé; car, en fait de choses de cette nature, comme nous ne pouvons pas tout connaître par nous-mêmes, ni tout embrasser avec notre entendement propre, nous basons nos jugements sur la considération due aux personnes. — Mais, si nous fondons nos jugements, en fait de connaissances rationnelles, sur la considération que nous accordons aux autres, ces connaissances ne sont pour nous que de véritables préjugés, car les vérités rationnelles valent anonymement; il n'est pas question de savoir qui est-ce qui a dit cette chose, mais qu'est-ce qu'on a dit. Qu'importe qu'une connaissance soit ou ne soit pas de noble origine! Et cependant, le penchant à la considération des grands hommes en matière scientifique est très-commun, tant à cause des limites de la pénétration ordinaire, que par le désir d'imiter ce que nous croyons *grand*. Notre vanité se trouve encore indirectement satisfaite par le respect que nous portons à quelque homme de génie. De même que les sujets d'un despote puissant sont fiers d'être tous traités par lui de la même manière, puisque le plus petit peut se croire égal au plus grand, tous deux n'étant également rien en présence du pouvoir illimité de leur maître, de même les adorateurs d'un grand homme se jugent égaux, en ce sens que la supériorité qu'ils peuvent avoir les uns sur les autres, considérée quant au mérite de cet homme, est réputée insignifiante.

b) Le préjugé qui tient du respect pour le *nombre* (*Menge*). — Le peuple est très-porté à ce préjugé : ne pouvant juger du mérite, des capacités et des connaissances des personnes, il s'en rapporte volontiers au jugement de la multitude, parce qu'il suppose que ce qui est dit par tous ne peut manquer d'être vrai. Cependant, ce préjugé n'existe en lui que pour les connaissances historiques ; en matière de religion, chose à laquelle il s'intéresse le plus, il s'en rapporte de préférence au jugement des prêtres.

C'est une chose remarquable, que l'ignorant a un préjugé pour la science, et que le savant, à son tour, a un préjugé pour le sens commun.

Lorsque le savant a parcouru une grande partie du cercle des sciences sans retirer de son travail la satisfaction qu'il s'en promettait, il entre alors en défiance contre les sciences, particulièrement contre les spéculations dans lesquelles les idées ne peuvent être rendues sensibles, et dont les fondements sont chancelants, comme, par exemple, en métaphysique. Cependant, comme il croit que la clef de la certitude doit se trouver quelque part, il la cherche alors dans le sens commun, après l'avoir cherchée si longtemps et si vainement dans la science.

Mais cet espoir est fort trompeur ; car, si la raison cultivée ne peut atteindre à aucune connaissance sur certaines choses, assurément la raison brute sera plus malheureuse encore. C'est surtout en métaphysique que l'appel au sens commun est inadmissible, parce que rien n'y peut être exposé *in concreto*. Mais il en est autrement en morale. Non-seulement toutes les règles peuvent être données *in concreto* en morale, mais la raison pratique se révèle en général plus claire et plus juste par l'organe du sens commun que par l'usage de l'entendement spéculatif. Le sens commun juge souvent plus sainement en matière de moralité et de devoir que le sens spéculatif.

c) Le préjugé qui vient du respect pour l'*antiquité*. — C'est un des plus imposants. — Nous avons sans doute raison de juger favorablement de l'antiquité ; mais nous n'avons pas raison de lui vouer un respect sans bornes, de faire des anciens les trésoriers des connaissances et des sciences, d'élever le prix *relatif* de leurs écrits à un prix *absolu*, et de nous en rapporter aveuglément à leur direction. — Estimer ainsi les anciens outre mesure, c'est rappeler l'entendement à son enfance, et négliger l'usage des talents qu'on possède. — On se tromperait beaucoup si l'on croyait que tous les anciens ont écrit aussi classique-

ment que ceux dont les ouvrages nous sont parvenus.
Comme le temps blute tout, et ne garde que ce qui a
une valeur réelle, nous devons admettre avec quelque
fondement que nous ne possédons que les meilleurs
ouvrages de l'antiquité.

Plusieurs *raisons* font reconnaître et durer le préjugé en faveur de l'antiquité.

Si quelque chose dépasse notre attente calculée sur
une règle générale, on s'en *étonne* d'abord, et cet
étonnement se convertit souvent en admiration. C'est
ce qui arrive avec les anciens, lorsqu'on trouve chez
eux quelque chose qu'on n'y cherchait pas, qu'on
n'attendait même pas d'eux, eu égard au temps où
ils vivaient. — Une autre cause, c'est que la connaissance de l'antiquité prouve une érudition, une lecture
qui s'acquiert toujours une certaine considération,
quelque commun et insignifiant que puisse en être
l'objet. — Une troisième raison, c'est la reconnais-
sance que nous avons pour les anciens de ce qu'ils
nous ont frayé le chemin à un grand nombre de connaissances. Il semble juste de leur en témoigner une
gratitude particulière, dont souvent nous dépassons
les justes bornes. — Une quatrième raison enfin, c'est
l'envie qu'on porte aux contemporains : celui qui ne
peut réussir avec les modernes prise haut les anciens,
afin que les modernes ne puissent pas s'élever au-
dessus de lui.

2° Le préjugé opposé au précédent est celui de la *nouveauté*. — Quelquefois le respect pour l'antiquité croule avec le préjugé qui lui était favorable : c'est ce qui arriva au commencement du xviii° siècle, lorsque Fontenelle eut embrassé le parti des modernes. — En fait de connaissances susceptibles d'extension, il est très-naturel que nous ayons plus de confiance dans les modernes que dans les anciens; mais ce n'est là qu'un jugement dont le principe n'est lui-même qu'un simple jugement provisoire. Si nous en faisons un jugement définitif, c'est alors un préjugé.

3° *Préjugés d'amour-propre*, ou *égoïsme logique*, qui fait que l'on dédaigne l'accord de son propre jugement avec le jugement des autres, comme critère superflu. Ces préjugés sont opposés à ceux de l'autorité, puisqu'ils consistent en une certaine prédilection pour ce qui est un produit de notre entendement propre, par exemple pour un système qui nous appartient.

6°

Est-il bon et utile de laisser subsister des préjugés? et doit-on même les favoriser? — C'est une chose étonnante que cette question puisse se faire encore, surtout pour ce qui est de favoriser les préjugés. Favoriser un préjugé, c'est tromper quelqu'un dans un but d'utilité. — Laisser des préjugés intacts, passe

encore; car qui peut se flatter de découvrir et dissiper
tous les préjugés? Mais de savoir s'il ne serait pas
convenable de travailler de toutes ses forces à leur
extirpation, c'est une autre question. Il est sans doute
très-difficile de combattre utilement les préjugés anciens, et qui ont jeté des racines profondes, parce
qu'ils sont eux-mêmes leurs répondants, et, en quelque sorte, leurs propres juges. Aussi, cherche-t-on à
justifier la paix qu'on accorde aux préjugés en faisant
ressortir les inconvénients qui pourraient résulter
de leur abolition. Mais qu'on ait le courage de bra-
ver ces inconvénients, et le bien se fera sentir plus
tard.

X

**De la probabilité. — Définition du probable. — Différence entre
la probabilité et la vraisemblance. — Probable mathématique
et probable philosophique. — Doute — subjectif et objectif.
— Méthodes de philosopher : méthode sceptique, dogmatique,
critique. — Hypothèses.**

1°

La théorie de la certitude de notre connaissance
comprend aussi celle de la connaissance du probable,
qui est comme une approximation de la certitude.

Il faut entendre par probabilité une croyance fondée
sur des raisons qui approchent plus ou moins de celles

qui produisent la certitude, mais qui en sont plus près, en tout cas, que les raisons à l'appui de la proposition contraire. Cette explication fait ressortir la différence qui existe entre la probabilité (*probabilitas*) et la vraisemblance (*verisimilitudo*) : dans la probabilité, les raisons de préférence ont une *valeur objective* ; dans la vraisemblance elles n'ont, au contraire, qu'une *valeur subjective*. — Il doit donc toujours y avoir dans la probabilité une unité de mesure qui serve à l'apprécier. Cette unité de mesure est la *certitude*. Car devant comparer ces principes insuffisants pour la certitude avec ceux qui suffisent, je dois savoir ce qui constitue la certitude. — On manque de cette unité de mesure dans la vraisemblance, puisqu'on n'y compare pas les raisons insuffisantes avec celles qui suffisent, mais seulement avec les raisons du contraire.

Les moments de la probabilité peuvent être ou *homogènes* ou *hétérogènes*. Ils sont homogènes comme dans les connaissances mathématiques, où ils peuvent être *nombrés* ; ils sont hétérogènes comme dans les connaissances philosophiques, où ils doivent être *pesés*, c'est-à-dire appréciés d'après leur influence. Mais cette influence ne s'apprécie elle-même que par les obstacles qu'elle rencontre dans l'esprit.

Les moments hétérogènes ne donnent pas de rapport avec la certitude, mais seulement le rapport d'une apparence à une autre. — D'où il suit que le mathématicien seul peut déterminer le rapport de raisons insuffisantes ; le philosophe doit se contenter de l'apparence d'une croyance purement subjective et pratiquement suffisante ; car la probabilité ne peut pas s'estimer dans la connaissance philosophique, à cause de l'hétérogénéité des raisons : — ici les poids ne sont pas tous pour ainsi dire estampillés. C'est donc de la probabilité *mathématique* seule qu'on peut dire proprement *qu'elle est plus de la moitié de la certitude.*

On a beaucoup parlé d'une logique de la probabilité (*logica probabilium*); mais elle n'est pas possible. Si le rapport des raisons insuffisantes aux raisons suffisantes ne peut se considérer mathématiquement, alors toutes les règles ne servent à rien. On ne peut donc pas donner d'autres règles tout à fait générales de la probabilité, si ce n'est que l'erreur ne se trouvera pas *d'un seul côté*, mais qu'une raison d'accord doit se trouver dans l'objet. Une autre règle c'est que si de deux *côtés opposés* il y a erreur en égal *nombre* et *degré*, la vérité est dans le *milieu*.

2°

Le *doute* est une raison contraire ou un simple obstacle à la croyance, obstacle qui peut être considéré *subjectivement* ou *objectivement. Subjectivement* considéré, le doute est quelquefois pris comme un état

d'un esprit irrésolu ; et *objectivement*, comme la connaissance de l'insuffisance des raisons de croire. Sous
ce dernier point de vue, il s'appelle une *objection*,
c'est-à-dire une raison objective de regarder comme
fausse une connaissance réputée vraie.

Une raison opposée à une autre, mais qui n'a
qu'une valeur purement subjective, est un *scrupule*.
— Dans le scrupule on ne sait pas si l'obstacle à la
croyance a un fondement objectif ou purement subjectif, par exemple, seulement dans l'inclination, l'habitude, etc. On doute sans s'expliquer clairement et déterminément la raison du doute, et sans pouvoir
s'apercevoir si cette raison est dans l'objet même ou
seulement dans le sujet. — Pour dissiper ces scrupules, il faut les élever à la clarté et à la déterminabilité d'une objection. Car la certitude est amenée à la
lucidité et à la plénitude par des objections, et personne
ne peut être certain d'une chose si des raisons contraires ne sont pas appréciées de manière à pouvoir
déterminer pour ainsi dire la distance où l'on est encore de la certitude. — Il ne suffit donc pas qu'un doute
soit dissipé : on doit aussi le *résoudre*, c'est-à-dire
faire comprendre comment le scrupule est né. Sans
cela le doute n'est que *dissipé*, mais non *levé ;* —
le germe du doute persiste toujours. — Nous ne
pouvons sans doute savoir, dans beaucoup de cas, si
l'obstacle à la croyance a en nous des raisons objec-

tives ou seulement des raisons subjectives, et nous ne pouvons par conséquent pas lever le scrupule par la découverte de l'apparence, puisque nous ne pouvons pas toujours comparer nos connaissances avec l'objet, mais souvent entre elles seulement. C'est donc modestie de ne présenter ses objections que comme des doutes.

3°

Il y a un principe de doute qui consiste dans cette maxime : Se proposer, en traitant des connaissances, de les rendre incertaines. Ce principe tend à faire voir l'impossibilité de parvenir à la certitude. Cette manière de philosopher est le *scepticisme*. Elle est opposée à la méthode dogmatique, au *dogmatisme*, qui est une confiance aveugle en la faculté qu'aurait la raison de s'étendre *a priori* sans critique, par pures notions, uniquement pour obtenir un succès apparent.

Ces deux méthodes sont vicieuses si elles deviennent générales; car il y a un grand nombre de connaissances dans lesquelles nous ne pouvons procéder dogmatiquement; et, d'un autre côté, le scepticisme, en renonçant à toute connaissance affirmative, paralyse tous nos efforts pour acquérir la connaissance du *certain*.

Autant donc le scepticisme est nuisible, autant la

méthode *sceptique* est utile et juste, en n'entendant par là que la manière de traiter quelque chose comme incertain, et de le réduire à la plus haute incertitude dans l'espoir de trouver la trace de la vérité sur cette voie. Cette méthode n'est donc proprement qu'une simple suspension du jugement. Elle est très-utile au procédé *critique*, qui est la méthode de philosopher suivant laquelle on recherche les *sources* de ses affirmations ou de ses objections, et les raisons qui leur servent de base ; — méthode qui donne l'espoir de parvenir à la certitude.

Le scepticisme n'a pas lieu en mathématiques ni en physique. Il n'y a que la connaissance *purement philosophique* qui a pu lui donner naissance ; cette connaissance n'est ni mathématique ni empirique. — Le scepticisme absolu donne tout comme apparence. Il distingue donc l'apparence d'avec la vérité, et doit avoir un signe de distinction, et par conséquent supposer une connaissance de la vérité; en quoi il se contredit lui-même.

4°

Nous avons observé plus haut, touchant la probabilité, qu'elle n'est qu'une simple approximation de la certitude. — Tel est aussi, et en particulier, le cas avec les *hypothèses*, au moyen desquelles nous ne pouvons jamais parvenir, dans notre connaissance,

à une certitude apodictique, mais toujours seulement
à un degré de probabilité tantôt plus grand, tantôt
moindre.

Une *hypothèse* est une *croyance du jugement
touchant la vérité d'un principe, eu égard à la
suffisance des conséquences;* ou, plus brièvement,
la croyance d'une supposition comme principe.

Toute croyance se fonde donc sur une hypothèse,
en ce sens que la supposition, comme principe, est
suffisante pour expliquer par là d'autres connaissances comme conséquences ; car on conclut ici de la
vérité de la conséquence à la vérité du principe. Mais
cette espèce de conclusion ne donne pas un critérium
suffisant de la vérité, et ne peut conduire à une certitude *apodictique* qu'autant que *toutes* les conséquences *possibles* d'un principe admis sont vraies ; d'où
il suit que, comme nous ne pouvons jamais déterminer toutes les conséquences possibles, les hypothèses
restent toujours des hypothèses, c'est-à-dire des sup-
positions, à la pleine certitude desquelles nous ne
pouvons jamais atteindre. — Cependant, la vraisemblance d'une hypothèse peut croître et s'élever, et la
foi que nous lui accordons, devenir *analogue* à celle
que nous donnons à la certitude, lorsque toutes les
conséquences *qui se sont présentées à nous jusqu'ici*
peuvent s'expliquer par le principe supposé; car alors
il n'y a pas de raison pour que nous ne devions pas

admettre que toutes les conséquences possibles qui en dérivent peuvent également s'expliquer. Nous regardons alors l'hypothèse comme très-certaine, quoiqu'elle ne le soit que *par induction*.

Quelque chose cependant doit être certain apodictiquement dans toute hypothèse, savoir :

1° La *possibilité de la supposition même*. — Si, par exemple, pour expliquer les tremblements de terre et les volcans, on admet un feu souterrain, cette sorte de feu doit être possible, ne brûlât-il pas comme un corps enflammé. — Mais, lorsqu'à l'aide de certains autres phénomènes, on veut faire de la terre un animal dans lequel la circulation d'un liquide intérieur produit la chaleur, c'est une pure fiction, et non une hypothèse; car les réalités s'imaginent bien, mais non les possibilités : elles doivent être certaines.

2° La *conséquence*. — Les conséquences doivent découler légitimement du principe admis, autrement l'hypothèse n'aurait enfanté qu'une chimère.

3° L'*unité*. — Une chose essentielle pour une hypothèse, c'est qu'elle soit une, et qu'elle n'ait pas besoin d'hypothèses auxiliaires pour la soutenir. — Si une hypothèse ne pouvait subsister par elle-même, elle perdrait par ce fait beaucoup de sa probabilité; car, plus une hypothèse est féconde en conséquences, plus elle est probable, et réciproquement. C'est ainsi que l'hypothèse principale de *Ticho-Brahé* ne suffisait pas pour expliquer beaucoup de phénomènes, ce qui rendait nécessaires plusieurs autres hypothèses secondaires. On pouvait déjà présumer par là que l'hypothèse adoptée n'était pas un principe légitime. Au contraire, le système de *Copernic* est une hypothèse qui explique tout ce qu'elle doit expliquer, *tous les grands phénomènes cosmiques qui se sont présentés à nous jusqu'ici;* nous n'avons pas besoin d'*hypothèses subsidiaires.*

Il est des sciences qui ne permettent aucune hypothèse, par exemple les mathématiques et la métaphysique. Mais en physique elles sont utiles et indispensables.

APPENDICE.

Distinction entre la connaissance théorique et la connaissance pratique.

Une connaissance est appelée *pratique* par opposition à une connaissance *théorique* et à une connaissance *spéculative.*

Les connaissances pratiques sont ou :

1° *Impératives,* en tant qu'elles sont opposées aux connaissances *théoriques;* ou bien, elles contiennent :

2° Les *raisons d'un impératif possible,* comme opposées aux connaissances *spéculatives.*

Est *impérative* en *général* toute proposition qui

exprime une action libre possible, par laquelle une
certaine fin doit réellement être atteinte. — Toute
connaissance donc qui contient un impératif est une
connaissance *pratique*, et doit être appelée ainsi par
opposition à la connaissance *théorique* : car des connaissances *théoriques* sont celles qui exposent, non
ce qui doit être, mais *ce qui est ;* — et qui par conséquent n'ont point l'*agir* pour objet, mais l'*être*,
l'exister.

Si nous considérons maintenant les connaissances
pratiques par opposition aux *spéculatives*, elles peuvent aussi être *théoriques*, en ce sens que des principes *impératifs* seulement peuvent en être déri-
vés. Considérées sous ce point de vue, elles sont pratiques quant à la *valeur (in potentia)*, ou *objectivement*. — Nous entendons par connaissances spéculatives celles dont on ne peut tirer aucune règle de
conduite, ou qui ne renferment point de principes
pour des impératifs possibles. Il y a une foule de
ces propositions purement spéculatives, par exemple
en *théologie*. — Ces connaissances spéculatives sont
donc toujours théoriques, mais pas réciproquement :
toute connaissance théorique n'est pas purement spéculative; considérée sous un autre point de vue, elle
peut être aussi en même temps pratique.

Toute connaissance tend, en dernier lieu, à la *pratique*, et la valeur pratique de notre connaissance

consiste dans cette tendance de toute théorie et de
toute spéculation, par rapport à son usage. Mais cette
valeur n'est qu'une valeur *inconditionnée*, si la *fin* à
laquelle l'usage pratique de la connaissance se rapporte est une fin qui soit elle-même inconditionnée ou
absolue.—L'unique fin absolue et dernière, à laquelle
doit se rapporter en définitive tout usage pratique de
notre connaissance, est la *moralité*, que nous appelons, par cette raison, l'*absolument pratique*. Cette
partie de la philosophie qui a pour objet la moralité
devrait s'appeler *philosophie pratique* κατ' ἐξοχήν,
quoique toute autre science philosophique puisse
aussi avoir une partie *pratique*, c'est-à-dire contenir, relativement aux théories établies, une instruction
pour leur usage pratique concernant la réalisation de
certaines fins.

PREMIÈRE PARTIE.

THÉORIE GÉNÉRALE ÉLÉMENTAIRE.

CHAPITRE PREMIER.

DES NOTIONS (1).

§ 1. *Notion en général; différence entre la notion et l'intuition.* — Toute connaissance, c'est-à-dire toute représentation rapportée avec conscience à un objet, est ou *intuition* ou une *notion*. — L'intuition est une représentation *singulière (repræsentatio singularis)*; la notion est une représentation *générale (repræsentatio per notas communes)* ou *réfléchie (repræsentatio discursiva)*.

Connaître par notions c'est *penser (cognitio discursiva)*.

---

(1) Voy. *Critiq. de la raison pure,* trad. fr. 2ᵉ édit. t. I, p. 87 à 152.

(Note du trad.)

OBSERVATIONS. — 1° La notion est opposée à l'intuition, car c'est une représentation générale ou de ce qui est commun à plusieurs objets, par conséquent une idée susceptible d'être *contenue dans celles de plusieurs choses différentes.*

2° Parler de notions générales ou communes c'est tomber dans une pure tautologie : — cette faute a sa raison dans une division vicieuse des notions en *universelles*, *particulières* et *singulières*. Ce ne sont pas les notions elles-mêmes qui peuvent être divisées de la sorte ; — on ne peut distinguer ainsi que l'usage qu'on en fait.

§ 2. *Matière et forme des notions*. — Il faut distinguer dans toute notion la *matière* et la *forme*. — La matière des notions est l'*objet*, leur forme est la *généralité*.

§ 3. *Notion empirique et notion pure*. — La notion est ou *empirique* ou *pure*. — Une notion pure est celle qui n'est pas prise de l'expérience, mais qui provient aussi de l'entendement *quant à la matière.*

L'*Idée* [proprement dite] est une notion rationnelle, dont l'objet ne peut se rencontrer dans l'expérience.

OBSERVATIONS. — 1° La notion empirique provient des sens par la comparaison des objets de l'expérience, et ne reçoit de l'entendement que la forme de la généralité. — La réalité de cette notion repose sur l'expérience réelle, dont la notion procède quant à la matière ou contenu. — C'est à la métaphysique à rechercher s'il y a des *notions intellectuelles pures* (*conceptus puri*), qui, en cette qualité, ne procèdent que de l'entendement, sans l'intervention de l'expérience.

2° Les notions rationnelles ou *Idées* [proprement dites] ne peuvent absolument pas conduire à des objets réels, parce que tous les objets de cette espèce doivent être contenus dans une expérience possible. Mais elles servent à guider l'entendement par la raison relativement à l'expérience et à l'usage le plus complet possible des règles de la raison; ou bien encore à faire voir que toutes les choses possibles ne sont pas des objets de l'expérience, et que les principes de la possibilité des objets de l'expérience ne sont pas applicables aux choses en soi, ni même aux objets de l'expérience considérés comme choses en soi.

L'Idée contient le *prototype* de l'usage de l'entendement, par exemple l'Idée de l'*univers* (tout cosmique), Idée qui doit être nécessaire, non comme principe *constitutif* pour l'usage empirique de l'entendement, mais seulement comme principe *régulateur* pour obtenir l'accord universel de l'usage empirique de l'entendement. Elle doit donc être regardée comme une notion fondamentale nécessaire, soit pour *compléter objectivement* les opérations intellectuelles de la subordination [des notions], soit pour les regarder comme *illimitées*. — Aussi l'Idée ne s'obtient *pas par composition;* car le tout est ici avant la partie. Il y a cependant des Idées qui sont susceptibles d'une approximation : telles sont, par exemple, les idées *mathématiques,* ou Idées de la *génération mathématique d'un tout,* qui se distinguent essentiellement des Idées *dynamiques*. Celles-ci *diffèrent* totalement de toutes les notions concrètes, parce que le tout se distingue des notions concrètes par l'*espèce* et non par la *quantité* (comme dans les notions mathématiques).

On ne peut donner une réalité objective à aucune Idée théorique, ou prouver cette réalité, si ce n'est à l'Idée de liberté ; la raison en est que la liberté est la condition de la loi morale, dont la réalité est un axiome. — La réalité de l'Idée de *Dieu* ne peut donc être démontrée que par celle de la loi morale, et par conséquent que sous le rapport pratique ; c'est-à-dire qu'*il faut agir dans la supposition de l'existence d'un Dieu*. — Cette réalité ne peut donc être démontrée que dans ce dessein.

Dans toutes les sciences, principalement dans les sciences rationnelles, se trouve l'Idée de la science, l'idée de son *esquisse* ou de son *plan* général, par

conséquent la circonscription de toutes les connaissances qui en font partie. Une telle Idée du tout, —
qui est la première chose à laquelle on doit avoir
égard dans une science, et qu'il faut rechercher, —
est l'*architectonique* de la science, comme, par exemple, l'idée de la science du droit.

L'Idée de l'humanité, l'Idée d'une forme de gouvernement parfaite, d'une vie heureuse, etc., manquent
à la plupart des hommes. — Un grand nombre n'ont
aucune idée de ce qu'ils veulent, et se conduisent par
instinct et par autorité.

§ 4. *Notions donnés* (a priori *ou* a posteriori) *et
notions formées*. — Toutes les notions sont, *quant à
la matière*, ou *données (conceptus dati)* ou *formées
(conceptus factitii)*. — Les premières sont données
ou *a priori* ou *a posteriori*.

Toutes les notions données empiriquement ou *a
posteriori* s'appellent notions d'*expérience;* celles qui
sont données *a priori* s'appellent [proprement] *notions
(Notionen)* (1).

OBSERVATIONS. — La forme d'une notion, en tant

_____

(1) C'est précisément cette distinction qui nous avait fait adopter
dans la première édition le mot *concept,* comme traduction du mot
Begriff, qui est la notion en général ou improprement dite. Mais Kant
ne se servant jamais du mot *notion*, il laisse par le fait sans application la distinction qu'il donne ici. Nous n'y donnerons nous-même
aucune suite, et nous emploierons partout en général le mot notion
pour rendre le mot *Begriff*, comme étant moins étranger à notre langue commune, scientifique même, que le mot *concept*. (N. du trad.)

que représentation discursive, est toujours formée ou factice.

§ 5. *Origine logique des notions*. — L'origine logique des notions, quant à la *simple forme*, repose sur la réflexion et sur l'abstraction de la différence des choses qui sont indiquées par une certaine représentation. De là, la question de savoir quelles sont les opérations de l'entendement qui forment une notion, ou, ce qui est la même chose, quelles sont les opérations de l'entendement requises pour la production d'une notion à l'aide de représentations données ?

OBSERVATIONS. — 1° La logique générale, faisant abstraction de toute matière de la connaissance par des notions, ou de toute matière de la pensée, ne peut considérer la notion que par rapport à sa *forme*, c'est-à-dire seulement au point de vue *subjectif*. Elle ne considère donc pas comment une notion détermine un objet par un caractère ou signe (*Merkmal, nota*), mais seulement la manière dont ce caractère peut être rapporté à plusieurs objets. — La logique générale n'a donc pas à distinguer la source des notions, ni à faire connaître comment elles prennent naissance comme représentations, mais seulement la manière dont les représentations données deviennent des notions dans l'acte de la pensée. Ces notions peuvent, du reste, contenir quelque chose tiré de l'expérience, ou imaginé, ou emprunté de la nature de l'entendement. — Cette origine logique des notions, — origine quant à la simple forme, — consiste dans la réflexion par laquelle une représentation devient commune à plusieurs objets (*conceptus communis*) comme forme indispensable au jugement. On ne considère donc en logique que la différence de la réflexion par rapport aux notions.

2° On traite en métaphysique de l'origine des notions par rapport à leur *matière*, suivant laquelle une notion est ou *empirique*, ou *arbitraire*, ou *intellectuelle*.

§ 6. *Acte logique de la comparaison, de la réflexion et de l'abstraction.* — Les actes logiques de l'entendement, par lesquels les notions sont produites quant à la forme, sont :

1° La *comparaison*, c'est-à-dire le rapprochement par la pensée des représentations entre elles par rapport à l'unité de conscience ;

2° La *réflexion*, c'est-à-dire l'attention à la manière dont différentes représentations peuvent être comprises en une conscience unique ; enfin,

3° L'*abstraction* ou la séparation de tout ce par quoi les représentations données se distinguent.

OBSERVATIONS. — 1° Pour faire passer des représentations à l'état de notions, il faut donc pouvoir *comparer*, *réfléchir et abstraire;* car ces trois opérations logiques de l'entendement sont les conditions essentielles et générales de la production de toute notion quelconque. — Je vois, par exemple, un pin, un saule et un tilleul : en comparant d'abord ces objets entre eux, j'observe qu'ils diffèrent les uns des autres par rapport à la tige, aux branches, aux feuilles, etc.; mais, si je ne fais ensuite attention qu'à ce qu'ils ont de commun, la tige, les branches, les feuilles mêmes, et que je fasse abstraction de leur grandeur, de leur figure, etc., je forme alors la notion d'arbre.

2° On n'emploie pas toujours convenablement en logique le mot *abstraction* : on ne devrait pas dire abstraire *quelque chose (abstrahere aliquid)*, mais abstraire (1) *de quelque chose (abstrahere ab aliquo).*

Si, par exemple, dans un drap écarlate, je ne fais attention qu'à la couleur rouge, je fais alors abstraction (j'abstrais) du drap; si de plus je fais abstraction de ce drap comme drap, et que je ne pense à l'écarlate que comme à un morceau de matière, alors je fais abstraction d'un plus grand nombre de déterminations, et ma notion est aussi devenue par là plus abstraite; car plus on omet, dans une notion, de caractères distinctifs des choses, en d'autres termes, plus le nombre des déterminations dont on fait abstraction est grand, plus la notion restante est

---

(1) Ou faire abstraction. (*Note du trad.*)

abstraite. On devrait donc appeler proprement *abs-*
tractives (*conceptus abstrahentes*) des notions abstraites : un plus ou moins grand nombre d'abstractions ont eu lieu dans ces notions (elles ne sont
plus que ce qui reste après que ces abstractions en
ont été faites). C'est ainsi, par exemple, que la notion
de *corps* n'est pas proprement une notion abstraite :
si je ne pouvais pas, au contraire, y faire des abstractions, je n'en aurais pas la notion autrement
(que sans ces notions que j'en abstrais); et cependant je puis bien y faire abstraction du volume, de
la couleur, de la solidité ou de la fluidité, en un mot,
de toutes les déterminations spéciales des différents
corps (quoique les corps n'existent point sans ces
déterminations). — La notion *la plus abstraite* est
celle qui n'a rien de commun avec toute autre notion.
Cette notion est celle de *chose* : ce qui en diffère est
rien; elle n'a donc rien de commun avec quoi que
ec soit.

3° L'abstraction n'est que la condition *négative*
sous laquelle des idées universellement valables peuvent être produites : la condition *positive* sont la comparaison et la réflexion; car il n'y a pas de position
qui soit le fruit de l'abstraction : — l'abstraction l'a-
chève seulement et la renferme dans ses bornes déterminées.

§ 7. *Matière et circonscription des notions.* —

Toute notion, *comme notion partielle*, est contenue dans la représentation des choses ; comme *fondement de connaissance*, ç'est-à-dire comme *signe élémentaire*, ces choses sont contenues *en elle*. — Sous le premier point de vue, toute notion a un contenu, une *matière ;* sous le second, une *circonscription* (1).

La matière et la circonscription des notions sont entre elles dans un rapport inverse : plus une notion embrasse de choses *sous elle*, moins elle en renferme *en elle*, et réciproquement.

Observation. La généralité ou la validité générale de la notion ne tient point à ce que la notion est une *notion partielle*, mais à ce qu'elle est un *fondement de connaissance*.

§ 8. *Étendue de la sphère des notions*. — La circonscription ou la *sphère* d'une notion est d'autant plus grande qu'un plus grand nombre de choses peuvent être comprises sous cette notion, et conçues par son moyen.

Observation. Comme on dit d'un *principe* en général qu'il contient sous lui la *conséquence*, on peut dire aussi de la notion, comme fondement ou *principe de connaissance*, qu'elle contient sous elle toutes les choses dont elle a été abstraite ou tirée. Par

---

(1) C'est ce qu'on appelle autrement : *compréhension* et *extension* des idées. (*Note du trad.*)

exemple, la notion de métal contient celles d'or, d'argent, de cuivre, etc. — Car si toute notion, comme représentation universellement valable, contient ce qui est commun à plusieurs représentations de choses différentes, toutes ces choses, en tant qu'elles sont contenues sous elle, sont représentées par elle. Et c'est en cela même que consiste l'*utilité* d'une notion. Plus donc le nombre des choses représentées par une notion est grand, plus la sphère de cette notion est grande aussi. C'est ainsi que la notion de *corps* a une extension plus grande que la notion de *métal.*

§ 9. *Notions supérieures et notions inférieures.* — On appelle *supérieures (conceptus superiores)* des notions qui contiennent sous elles d'autres notions qui, par rapport aux précédentes, sont appelées *inférieures.* — Un caractère de caractère, — un caractère *éloigné,* — est une notion supérieure; la notion en rapport avec un caractère éloigné, est une notion inférieure.

Observation. Des notions n'étant supérieures ou inférieures que *relativement (respective)*, une seule et même notion peut être en même temps supérieure et inférieure, pourvu qu'on l'envisage sous différents rapports. C'est ainsi, par exemple, que la notion *d'homme* est supérieure par rapport à la notion de *cavalier* (1), et inférieure par rapport à la notion d'*animal*.

§ 10. — *Genre et espèce.* — La notion supérieure s'appelle *genre* (*genus*) par rapport à la notion qui lui est inférieure. La notion inférieure, par rapport à la notion qui lui est supérieure, s'appelle *espèce* (*species*).

De même que les notions supérieures et inférieures, les notions de genre et celles d'espèce ne se distinguent point les unes des autres dans la subordination logique par leur nature, mais seulement par leur rapport respectif (*termini a quo* ou *ad quod*).

§ 11. *Genre suprême.* — *Espèce dernière.* — Le genre *suprême* est celui qui n'est espèce sous aucun rapport (*genus summum non est species*), de même que l'espèce *dernière* est celle qui n'est genre à aucun égard (*species, quæ non est genus, est infima*).

En conséquence de la loi de continuité, il ne peut y avoir ni espèce *dernière*, ni espèce *la plus prochaine*.

OBSERVATION. Quand nous concevons une série de plusieurs notions subordonnées entre elles, par exemple les notions de fer, de métal, de corps, de substance, de chose, — nous pouvons toujours obtenir

_____

(1) Je fais ici une substitution; l'auteur met : *cheval*. V. § 10 et surtout § 12-14. (*Note du trad.*)

des genres supérieurs ; — car chaque espèce peut toujours être regardée comme genre par rapport à sa notion inférieure, par exemple la notion de *savant* par rapport à celle de *philosophe*, — jusqu'à ce qu'enfin nous arrivions à un *genre* qui ne puisse pas être *espèce* à son tour. Et nous devons pouvoir parvenir en définitive à un tel genre, parce qu'il doit y avoir, à la fin, une notion suprême (*conceptus summus*) dont rien ne peut plus s'abstraire, à moins de faire disparaître la notion totale. — Mais il n'y a pas de notion dernière, ou le plus bas possible (*conceptus infimus*), ou d'espèce dernière, sous laquelle aucune autre ne serait plus contenue, parce qu'une telle notion est impossible à déterminer. Car, bien que nous ayons une notion que nous appliquons *immédiatement* à des individus, il peut néanmoins y avoir encore, par rapport à cette notion, des différences spécifiques que nous ne remarquons pas, ou dont nous ne tenons pas compte. Il n'y a de notion dernière que *comparativement et pour l'usage*, qui n'ont par conséquent cette valeur que par convention, pour ainsi dire, ou parce qu'il est accordé qu'on ne descendra pas plus bas.

La loi générale suivante vaut donc par rapport à la détermination des notions d'espèce et de genre : *Il y a un genre qui ne peut plus être espèce ; mais il n'y a pas d'espèce qui ne doive plus être genre.*

§ 12. *Notion plus large et notion plus étroite.*
— *Notions réciproques.* — La notion supérieure est
aussi appelée *plus large ;* l'inférieure, *plus étroite.*

Des notions qui ont des sphères identiques sont
appelées *réciproques (conceptus reciproci).*

§ 13. *Rapport de la notion supérieure à l'infé-*
rieure, — *de la plus large à la plus étroite.* — La
notion inférieure n'est pas contenue *dans* la supérieure : car elle contient *plus* en soi que la supérieure ;
mais elle est cependant contenue *sous* elle, parce que
la supérieure renferme le fondement de la connaissance de l'inférieure.

§ 14. *Règles générales concernant la subordi-*
nation des notions. — Les règles générales suivantes
régissent l'extension logique des notions.

1° Ce qui convient ou répugne aux notions supérieures, convient ou répugne aussi aux notions inférieures contenues sous celle-là.

2° Réciproquement : Ce qui convient ou répugne à
toutes les notions inférieures, convient ou répugne à
leur notion supérieure.

OBSERVATION. — Ce en quoi des choses conviennent,
découle de leurs propriétés *générales*, et ce en quoi
elles diffèrent entre elles, a sa raison dans leurs propriétés *particulières.* On ne peut donc pas conclure
que ce qui convient ou répugne à *une* notion inférieure, convienne ou répugne aussi à d'*autres* notions

inférieures qui appartiennent, avec celle-là, à une notion plus élevée. On ne peut donc pas conclure, par exemple, que ce qui ne convient pas à l'homme, ne convienne pas non plus aux anges.

§ 15. *Condition de la formation des notions supérieures et des inférieures : abstraction logique et détermination logique.* — L'abstraction logique continuée donne toujours naissance à des notions supérieures ; au contraire, la détermination logique continuée fait toujours naître des notions inférieures. — La plus grande abstraction possible donne la notion la plus élevée ou la plus abstraite, celle dont aucune détermination ne peut plus s'abstraire. La détermination ne peut plus s'abstraire. La détermination parfaite suprême donnerait une notion *universellement déterminée (conceptum omnimode determinatum),* c'est-à-dire une notion qui ne serait susceptible d'aucune détermination ultérieure.

OBSERVATION. Comme il n'y a que des choses singulières ou des individus qui soient universellement déterminés, il ne peut non plus y avoir que des connaissances universellement déterminées comme *intuitions,* mais non comme *notions :* la détermination logique ne peut jamais être regardée comme parfaite par rapport aux *notions* (§ 11, obs.).

§ 16. *Usage des notions* in abstracto *et* in concreto. — Toute notion peut être employée *généralement* et *particulièrement* (*in abstracto* et *in concreto*). — La notion inférieure est employée *in abstracto* par rapport à sa notion correspondante supérieure (puisqu'elle est considérée comme en étant abstraite) : c'est ainsi que la notion de *cheval*, dans le sens propre, n'emporte pas celle d'*animal*. La notion supérieure est employée *in concreto* par rapport à sa correspondante inférieure (puisqu'elle la contient) : c'est ainsi que la notion d'animal emporte aussi celle de cheval.

Observations. 1° Les expressions d'*abstrait* et de *concret* se rapportent donc moins aux notions en elles-mêmes — car toute notion est une notion abstraite — qu'à leur *usage* (1). Et cet usage peut avoir aussi différents degrés, suivant que l'on traite une notion tantôt plus, tantôt moins abstractivement ou concrètement ; c'est-à-dire suivant que l'on en retranche ou que l'on y ajoute tantôt plus, tantôt moins de déterminations.

Par l'usage abstrait, une notion se rapproche plus du genre suprême ; par l'usage concret, elle se rapproche plus de l'individu.

2° Lequel de ces deux usages est préférable ? — On ne peut rien décider à cet égard : la valeur de l'un n'est pas moindre que celle de l'autre. Par des notions très-abstraites nous connaissons *peu* dans *beaucoup*

_____

(1) C'est ce que l'auteur a fait voir encore dans sa réponse à Eberhard (*Ueber eine Entdeckung*, etc.), 2ᵉ édit.., pag. 26, note. (*N. du trad*)

de choses ; par des notions très-concrètes nous connaissons *beaucoup* dans un *petit nombre* de choses :
— en telle sorte que nous gagnons d'un côté ce que
nous perdons de l'autre. — Une notion qui a une
grande sphère est, en cette qualité, d'un usage si
étendu qu'on peut l'appliquer à un grand nombre de
choses ; mais, par la même raison, elle contient d'autant moins d'éléments en elle. C'est ainsi, par exemple,
que dans la notion de *substance* je ne pense pas autant
de notions élementaires que dans la notion de *craie*.

3° L'*art de la popularité* consiste à trouver le rapport entre l'idée *in abstracto* et l'idée *in concreto*
dans la même connaissance, par conséquent entre les
notions et leur exposition ; en cela consiste le maximum
de la connaissance par rapport à l'extension et à la
compréhension.

CHAPITRE II.

DES JUGEMENTS (1),

§ 17. *Définition du Jugement en général.* — Un
jugement est l'idée de l'unité de conscience de diffé-

---

(1) Voy. *Critiq. de la raison pure*, 2° édit. en franç. t. i, p. 24-31,
152-202.   (*Note du trad.*)

rentes idées, ou l'idée de leur rapport en tant qu'elles composent une notion.

§ 18. *Matière et forme des Jugements.* — Les éléments essentiels de tout jugement sont la *matière* et la *forme*. La *matière* consiste dans des connaissances données et liées pour l'unité de conscience en un jugement. La *forme* du jugement consiste, au contraire, dans la détermination de la manière dont les différentes idées, comme telles, appartiennent à une conscience unique.

§ 19. *Objet de la réflexion logique,* — *la simple forme des Jugements.* — La logique, faisant abstraction de toute différence réelle ou objective de la connaissance, né peut donc pas plus s'occuper de la matière des jugements que du contenu des notions. Elle n'a donc à considérer que la différence des jugements par rapport à leur simple forme.

§ 20. *Formes logiques des Jugements : quantité, qualité, relation et modalité.* — La différence des jugements par rapport à leur forme est de quatre espèces : la *quantité*, la *qualité*, la *relation* et la *modalité* ; ce qui donne précisément autant de sortes de jugements.

§ 21. *Quantité des Jugements* : universels, particuliers, singuliers. — Par rapport à la quantité, les jugements sont ou *universels*, ou *particuliers*, ou *singuliers*, suivant que le sujet, dans le jugement, est *entièrement* ou *partiellement renfermé* dans la notion du prédicat, ou qu'il en est *entièrement* ou *partiellement exclu*. Dans un jugement *universel*, la sphère d'une notion est entièrement comprise dans celle d'une autre ; dans un jugement *particulier*, une partie de la notion est comprise dans la sphère de l'autre ; et dans le jugement *singulier* enfin, une notion, qui manque de sphère, est par conséquent renfermée simplement comme partie dans la sphère d'un autre.

OBSERVATIONS. 1° Les jugements singuliers doivent être appréciés dans l'usage, quant à la forme logique, de la même manière que les jugements universels : car, dans les uns comme dans les autres, le prédicat se dit du sujet sans exception. Par exemple, dans la proposition singulière : *Caïus est mortel*, il ne peut pas plus y avoir d'exception que dans la proposition universelle (1) : *Tous les hommes sont mortels ;* car il n'y a qu'un Caïus.

2° Par rapport à l'universalité d'une connaissance, il y a une différence réelle entre les propositions *générales* et les propositions *universelles ;* mais cette différence ne concerne pas la logique.

Les propositions *générales* sont celles qui contiennent simplement quelque chose touchant ce qu'il y a d'universel dans certains objets, et qui ne renferment

---

(1) La mineure du syllogisme catégorique.   (*N. du trad.*)

par conséquent pas des conditions suffisantes de la subsomption : par exemple la proposition : *On doit rendre les preuves fondamentales*. Les propositions *universelles* sont celles qui affirment universellement quelque chose d'un objet (1).

3° Des règles universelles le sont *analytiquement* ou *synthétiquement* : celles-là font abstraction des différences ; celles-ci, au contraire, les considèrent, et par conséquent déterminent à cet égard. — Plus un objet est conçu simplement, plus prompte est l'universalité analytique d'une notion possible en conséquence.

4° Quand des propositions universelles ne peuvent être considérées dans leur universalité sans être connues *in concreto*, elles ne peuvent servir de règle, ni par conséquent valoir *heuristiquement* dans l'application : elles ne sont que des problèmes servant à la recherche des principes universels de ce qui a été connu d'abord dans des cas particuliers. Par exemple, la proposition : « Celui qui n'a pas d'intérêt à tromper, » et qui sait la vérité, la dit, » ne peut être considérée dans son universalité, parce que nous ne connaissons la limite de la condition du désintéressement que par

(1) Par exemple : Toutes les planètes décrivent une ellipse. On peut dire cependant que l'idée générale est la compréhension de l'idée universelle, tandis que l'idée universelle est l'extension de l'idée générale. V. *Krug*, Log., p. 158. (*Note du trad.*)

l'expérience, à savoir, que des hommes peuvent tromper par intérêt, par la raison qu'ils ne s'attachent
pas fermement à la moralité. C'est l'observation qui
nous apprend à connaître les faiblesses de la nature
humaine (1).

5° Il faut observer, touchant les jugements *particuliers*, lorsqu'ils doivent être considérés par la raison, et qu'ils ont par conséquent une forme rationnelle,
et pas simplement une forme intellectuelle (abstraite),
que le sujet doit être alors une notion plus étendue
que le prédicat (*conceptus latior*) (2). — Soit le prédicat = toujours ◯ , le sujet = toujours ☐ : alors
la figure suivante

représente un jugement particulier : car quelque chose
de ce qui appartient à A est B, et quelque chose du

---

(1) Ce qui veut dire qu'il y a des propositions qui sont universelles
dans l'expression, mais qui, dans la pensée, sont sujettes à des ex-
ceptions réelles ou possibles.   (*Note du trad.*)

(2) C'est-à-dire que des propositions particulières quant à l'expression, peuvent être en réalité universelles. Ce qui arrive toujours
quand la proposition est indéfinie et en matière nécessaire. La proposition indéfinie en matière contingente est tantôt universelle, tantôt
particulière, suivant la nature des choses.   (*Note du trad.*)

même A est non B ; — ce qui est une conséquence de
la raison. — Mais soit

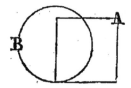

alors tout A, pour le moins, peut être contenu sous B
s'il est plus petit que B, mais non s'il est plus grand :
il n'est donc particulier que fortuitement.

§ 22. *Qualité des jugements* : affirmatifs, négatifs,
indéfinis (limitatifs). — *Quant à la qualité*, les jugements sont ou *affirmatifs*, ou *négatifs*, ou *limitatifs*, c'est-à-dire indirectement affirmatifs. Par exemple : L'âme est immortelle, Le vice n'est pas louable,
L'âme est non-mortelle.

Dans les jugements *affirmatifs*, le sujet est pensé
sous la sphère du prédicat ; dans un jugement *négatif*, le sujet est pensé *hors* de la sphère du prédicat ;
dans un jugement *limitatif*, le sujet est placé dans
la sphère d'une notion qui est en dehors de la sphère
d'une autre notion.

Observations. 1° Le jugement limitatif n'indique pas
seulement qu'un sujet n'est pas contenu dans la sphère
d'un prédicat, mais qu'il est en dehors de la sphère
de ce prédicat, et dans l'autre sphère indéfinie. Par
conséquent cette sorte de jugement représente la
sphère du prédicat *comme limitée*.

Tout le possible est ou A, ou non A. Si donc je dis que quelque chose n'est pas A, par exemple que l'âme humaine est non-mortelle, que quelques hommes sont non-savants, etc., ce sont là des jugements indéfinis ou limitatifs : car je ne décide pas par-là, hors de la sphère finie A, à quelle notion l'objet appartient, mais seulement qu'il est dans la sphère étrangère à A ; ce qui n'est proprement aucune sphère, mais seulement la *contiguïté d'une sphère à l'infini, ou la limitation même.* — Quoique l'exclusion soit une négation, la limitation d'une notion est cependant une action positive. Des idées positives d'objets limités sont donc des bornes.

2° Suivant le principe de l'exclusion de tout tiers (*exclusi tertii*), la sphère d'une notion relativement à une autre sphère l'exclut ou la comprend. — Or, comme la logique ne s'occupe uniquement que de la forme du jugement, non des notions quant à leur contenu, la distinction entre les jugements limitatifs et les jugements négatifs n'appartient pas à cette science.

3° Dans les jugements négatifs, la négation affecte toujours la *copule ;* dans les jugements limitatifs, elle n'affecte pas la *copule*, mais le prédicat. C'est très-sensible en latin : par exemple, *anima non-est mortalis,* — *anima est non-mortalis.*

§ 23. *Relation des jugements* : catégoriques, hypothétiques, disjonctifs. — Quant à la relation, les jugements sont : ou *catégoriques* (1), ou *hypothétiques*, ou *disjonctifs*, suivant que l'un des termes du jugement est subordonné à l'autre comme le *prédicat* l'est au *sujet*, ou comme la *conséquence* l'est à son *principe*, ou comme les *membres de la division* le sont à une *notion divisée.* — Dans le premier rapport, le jugement est *catégorique ;* dans le deuxième, *hypothétique*, et dans le troisième, *disjonctif* (exemples : Caïus est savant ; — Si Caïus est vertueux, il n'est pas menteur ; — Caïus est malade ou n'est pas malade).

§ 24. *Jugements catégoriques.* — Le sujet et l'attribut forment la matière du jugement catégorique. — La forme, par laquelle s'établit et s'exprime le rapport (d'accord ou de répugnance) entre le sujet et l'attribut, s'appelle *copule.*

Observation. Les jugements catégoriques forment, il est vrai, la substance des autres jugements ; mais il ne faut pas croire, avec la plupart des logiciens, que les jugements hypothétiques et les jugements disjonctifs ne soient autre chose que des espèces de jugements catégoriques, et qu'ils puissent s'y ramener. Ces trois espèces de jugements reposent sur des fonctions logiques de l'entendement essentielle-

(1) Le mot catégorique veut dire absolument *énonciatif.* (*N. du trad.*)

ment différentes, et par conséquent doivent être considérées quant à leur différence spécifique.

§ 25. *Jugements hypothétiques.* — La matière des jugements *hypothétiques* résulte de deux jugements qui sont entre eux comme principe et conséquence. Celui de ces jugements qui renferme le principe s'appelle *antécédent* (*antecedens, hypothesis, conditio, prius*); l'autre celui qui est subordonné au premier, est le *conséquent* (*consequens, thesis, conditionatum, posterius*); et l'idée de cette espèce de liaison de deux jugements entre eux pour former l'unité de conscience est appelée la *conséquence.* C'est la conséquence qui constitue la *forme* des jugements hypothétiques.

OBSERVATIONS. 1° La conséquence est donc aux jugements hypothétiques comme la copule est aux jugements catégoriques.

2° On ne peut convertir un jugement hypothétique en un jugement catégorique ; ils diffèrent essentiellement l'un de l'autre. Dans les jugements catégoriques, rien n'est problématique, tout y est au contraire assertorique. Il n'en est pas de même dans les jugements hypothétiques : la conséquence seule est assertorique. Je puis donc, dans ces derniers, unir entre eux deux faux jugements [et avoir par leur moyen un autre jugement vrai] : car il ne s'agit ici que de la légitimité de cette liaison, de la *forme de la conséquence*;

c'est en cela que consiste la vérité logique de ces sortes de jugements. — Il y a une différence essentielle entre ces deux propositions : Tous les corps sont divisibles ; et, Si tous les corps sont composés, tous les corps sont divisibles. Dans la première, j'affirme sans condition ; dans la deuxième, j'affirme sous une condition exprimée problématiquement.

§ 26. *Modes de liaison dans les Jugements hypothétiques* : modus ponens *et* modus tollens. — La forme de la liaison dans les jugements hypothétiques est de deux sortes : l'une positive, ou plutôt *affirmative (modus ponens)*, et l'autre *négative (modus tollens)*. Elle s'énonce ainsi : 1° *Posito antecedente, ponitur consequens ;* 2° *Sublato consequente, aufertur antecedens.* En d'autres termes : Si l'antécédent est vrai, le conséquent l'est également *(modus ponens)* ; Si le conséquent est faux, l'antécédent l'est aussi *(modus tollens)*.

§ 27. *Jugements disjonctifs.* — Un jugement est *disjonctif* quand les parties de la sphère d'une notion donnée se déterminent mutuellement dans le tout, ou se servent de complément l'une à l'autre pour former un tout.

§ 28. *Matière et forme des Jugements disjonctifs.* — Les jugements donnés qui servent à former le jugement disjonctif, en sont la *matière*, et sont appelés les *membres* de la disjonction ou de l'opposition.

La *forme* de ce jugement consiste dans la disjonction même, c'est-à-dire dans la détermination du rapport des différents jugements qui s'excluent mutuellement et constituent dans leur ensemble la totalité des membres de la sphère entière d'une connaissance divisée.

Observation. Tous les jugements disjonctifs présentent par conséquent différents jugements qui forment *en commun une sphère* de notions, et ne produisent chaque jugement que par la limitation de l'autre par rapport à toute la sphère. Ils déterminent donc le rapport de chaque jugement à toute la sphère, et en même temps par là le rapport respectif de ces différents membres de division (*membra disjuncta*). — Un membre n'en détermine donc ici un autre qu'autant qu'ils se tiennent ensemble comme parties d'une sphère entière de la connaissance, *hors de laquelle on ne peut rien concevoir dans un certain rapport.*

§ 29. *Caractère propre des jugements disjonctifs.* — Le caractère propre de tous les jugements disjonctifs, et qui sert à les distinguer, quant à la relation, de tous les autres jugements, particulièrement des jugements catégoriques, consiste en ce que les membres de la disjonction sont tous des jugements problématiques dont on ne peut concevoir autre chose, si ce n'est que, comme parties de la sphère d'une connaissance, ils forment tous ensemble cette sphère, et que chacun d'eux est le complément des autres dans la formation du tout (*complementum ad totum*). D'où il suit que la vérité doit être comprise dans l'un de ces jugements problématiques ; ou, ce qui est la même chose, que l'un d'eux doit être *assertorique*, parce que la sphère de la connaissance ne contient plus rien en dehors d'eux sous les conditions données, et qu'ils sont opposés les uns aux autres. Il ne peut donc y avoir *en dehors* d'eux quelque autre jugement qui puisse être vrai, *ni parmi eux* plus d'un seul jugement qui puisse avoir ce même caractère de vérité.

OBSERVATIONS GÉNÉRALES.

1° Dans un jugement catégorique, la chose dont l'idée est considérée comme une partie de la sphère d'une autre idée subordonnée, est regardée comme contenue sous cette notion supérieure, par conséquent la partie de la partie est ici comparée au tout dans la subordination des sphères.

Mais dans les jugements disjonctifs, on va du tout à toutes les parties prises ensemble. — Ce qui est contenu dans la sphère d'une notion supérieure est aussi contenu dans une partie de cette sphère. Si, par exemple, l'on dit par disjonction : Un savant est savant ou historiquement ou rationnellement, on affirme alors que ces deux dernières notions sont les parties de la sphère de la notion de savant, mais qu'elles ne font point partie l'une de l'autre, et que chacune d'elles est complète dans son espèce (quoiqu'elle ne soit qu'une partie de la sphère totale de la notion supérieure).

2° Pour qu'un jugement disjonctif soit vrai, il ne doit pas y avoir d'autres alternatives possibles que celles qui sont exprimées. On ne pourrait pas dire, par exemple : Caïus est blanc, ou jaune, ou cuivré. — La logique générale pure n'admet que des jugements disjonctifs à deux parties ou dychotomiques.

3° Les alternatives des jugements disjonctifs doivent être coordonnées et non subordonnées, parce que les coordonnées seules s'excluent, et non les subordonnées. Ainsi l'on ne peut pas dire, par exemple : Caïus est un savant ou un théologien.

4° Dans les jugements disjonctifs, on ne considère pas la sphère de la notion divisée, comme contenue dans la sphère des divisions, mais bien ce qui est contenu sous la notion divisée, comme contenu sous un des membres de la division.

C'est ce qui peut être rendu sensible par le schème suivant de la comparaison entre des jugements catégoriques et des jugements disjonctifs.

Dans les jugements catégoriques, X, ce qui est contenu sous B, est aussi contenu sous A :

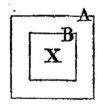

Dans les jugements disjonctifs, X, ce qui est contenu sous A, est aussi contenu sous B ou sous C, etc.

Là division fait donc voir, dans les jugements disjonctifs, la coordination, non des parties de la notion totale, mais de toutes les parties de sa sphère. Ce qui est différent : car dans ce dernier cas je pense *plusieurs choses* par une seule notion, tandis que dans le premier cas je ne pense qu'*une seule chose* par *plusieurs notions*, par exemple le défini par tous les signes de la coordination (qui servent à définir).

§ 30. *Modalité des jugements* : problématiques, assertoriques, apodictiques. — Quant à la modalité, point de vue par lequel le rapport de tout le jugement à la faculté de connaître est déterminé, les jugements sont ou *problématiques,* ou *assertoriques,* ou *apodictiques.* Ils sont problématiques si le rapport de l'attribut au sujet n'est conçu que comme simplement possible, assertoriques si le rapport est conçu comme existant; enfin apodictiques si ce rapport est conçu comme nécessaire.

OBSERVATIONS. 1° La modalité ne fait donc connaître que la manière dont quelque chose est affirmé ou nié dans un jugement; comme dans les exemples suivants : L'âme humaine peut être immortelle; — l'âme humaine est immortelle; — l'âme humaine doit être immortelle.

Le premier de ces deux jugements est problématique, le second assertorique, le troisième apodictique. — Cette détermination de la simple possibilité, de la réalité ou de la nécessité de la vérité du jugement, ne regarde donc que *le jugement lui-même,* mais nullement *la chose* sur laquelle il porte.

2° Dans les jugements problématiques, c'est-à-dire dans ceux où le rapport du prédicat à l'attribut n'est que possible, le sujet doit toujours avoir une sphère plus petite que le prédicat.

3° La distinction entre le jugement problématique et le jugement assertorique est la base de la véritable différence entre les *jugements* et les *propositions,* différence qu'on a mal à propos fait consister dans la simple expression par des mots, sans lesquels on ne pourrait jamais juger. Dans le jugement, on conçoit le rapport de plusieurs idées à l'unité de conscience simplement comme problématique; dans une proposition, on le conçoit au contraire assertoriquement : une proposition problématique est une contradiction *in adjecto*. — Avant d'avoir une proposition, je suis cependant obligé de juger, et je juge un grand nombre de choses que je ne décide pas ; mais s'il faut que je décide, aussitôt mon jugement se détermine comme proposition. — Il est bon, du reste, de juger d'abord problématiquement avant d'accepter le jugement comme assertorique, afin de le mieux examiner. Il n'est pas non plus toujours nécessaire à notre dessein d'avoir des jugements assertoriques.

§ 31. *Des Jugements exponibles.* — Les jugements qui contiennent en même temps une négation et une affirmation, mais de telle sorte que l'affirmation apparaisse clairement et la négation obscurément, sont des *propositions exponibles.*

OBSERVATION. Dans le jugement exponible, par exemple dans celui-ci : Peu d'hommes sont savants, il y a d'abord un premier jugement négatif dissimulé : Beaucoup d'hommes ne sont pas savants ; et de plus un jugement affirmatif : Quelques hommes sont savants. — Comme la nature des propositions exponibles dépend uniquement des conditions du langage, suivant lesquelles on peut exprimer tout d'un coup deux jugements, il est juste d'observer qu'il peut y avoir dans notre langue des jugements qui peuvent être exponibles non pas logiquement, mais grammaticalement.

§ 32. *Des Propositions théoriques et des Propositions pratiques*. — On appelle propositions *théoriques* celles qui se rapportent à un objet et déterminent ce qui lui convient ou ne lui convient pas.

Les propositions *pratiques* au contraire sont celles
qui énoncent l'action par laquelle un objet est possible,
comme en étant la condition nécessaire.

OBSERVATION. La logique ne doit traiter des propositions pratiques que par rapport à la *forme*, en tant
qu'elles sont opposées aux propositions *théoriques*.
Les propositions pratiques, quant au *contenu*, et en
tant qu'elles se distinguent des propositions *spéculatives*, appartiennent à la morale.

§ 33. *Propositions indémontrables et Propositions démontrables*. — Les propositions *démontrables* sont celles qui sont susceptibles d'être prouvées ;
celles qui n'en sont pas susceptibles sont dites *indémontrables*.

Des jugements immédiatement certains sont indémontrables, et doivent être par conséquent réputés
propositions élémentaires.

§ 34. *Des principes*. — Des jugements *a priori*
immédiatement certains peuvent s'appeler principes,
en tant qu'ils servent à démontrer d'autres jugements,
et qu'ils ne sont eux-mêmes subordonnés à aucun
autre. C'est pour cette raison qu'on les appelle *principes* (commencements).

§ 35. *Principes intuitifs et Principes discursifs* : axiomes *et* acroames. — Les principes sont *intuitifs* ou *discursifs*. — Les premiers peuvent être exposés en intuition, et s'appellent *axiomes (axiomata)* ; les seconds ne s'expriment que par des notions, et peuvent être appelés *acroames (acroamata)*.

§ 36. *Propositions analytiques et Propositions synthétiques.* — Les propositions *analytiques* sont celles dont la certitude repose sur l'*identité* des notions (du prédicat avec la notion du sujet). — Les propositions dont la vérité n'est pas fondée sur l'identité des notions peuvent s'appeler propositions *synthétiques*.

Observations. 1° Exemple d'une proposition *analytique* : Tout x auquel la notion de corps $(a + b)$ convient, est aussi susceptible de l'*étendue* (b). — Exemple d'une proposition *synthétique* : Tout x auquel la notion de corps $(a + b)$ convient, est susceptible de l'*attraction*. — Les propositions synthétiques augmentent la connaissance *materialiter* ; les propositions analytiques ne l'augmentent que *formaliter*. Les premières contiennent des déterminations ; les deuxièmes ne contiennent que des prédicats logiques.

2° Les principes analytiques ne sont pas des axiomes : car ils sont discursifs. Les principes synthétiques ne sont des axiomes que lorsqu'ils sont intuitifs.

§ 37. *Propositions tautologiques.* — L'identité des notions dans des jugements analytiques peut être ou explicite ou implicite. Dans le premier cas les propositions sont tautologiques.

OBSERVATIONS. 1° Les propositions tautologiques sont *virtuellement* vides ou *sans conséquences* : car elles sont sans utilité et sans usage. Telle est, par exemple, la proposition suivante : L'homme est homme : Si je ne sais rien dire de l'homme si ce n'est qu'il est homme, je n'en affirme rien.

Les propositions *implicitement* identiques, au contraire, ne sont point vaines ou sans conséquences : car elles développent par une *explication* le prédicat, qui était implicitement compris dans la notion du sujet.

2° Les propositions sans conséquences ne doivent pas être confondues avec les propositions *vides de sens*, qui n'offrent rien à l'entendement parce qu'elles ne portent que sur la détermination de *qualités occultes*.

§ 38. *Postulats et Problèmes*. — Un *postulat* est une proposition pratique immédiatement certaine, ou un principe qui détermine une action possible, dans laquelle on suppose que la manière de l'exécuter est immédiatement certaine.

Les *problèmes* sont des propositions démontrables, ou qui, comme telles, expriment une action dont la manière de l'exécuter n'est pas immédiatement certaine.

OBSERVATIONS. 1° Il peut aussi y avoir des postulats *théoriques* en faveur de la raison pratique. Ce sont des hypothèses théoriques nécessaires au point de vue final de la raison pratique, telles par exemple que l'existence de Dieu, la liberté de l'homme, et une autre vie.

2° Aux problèmes appartiennent : la *Question*, qui contient ce qui doit être fait ; 2° la *Résolution*, qui contient la manière dont la question doit être résolue ; et 3° la *Démonstration*, qui a pour objet de faire voir que ce qui devait être est en effet.

§ 39. *Théorèmes, Corollaires, Lemmes et Scholies.* — Les *Théorèmes* sont des propositions théoriques susceptibles de preuve, et qui en ont besoin. — Les *Corollaires* sont des conséquences immédiates de propositions antérieures. — On appelle *Lemmes* des propositions qui ne sont pas étrangères à la science dans laquelle elles sont supposées comme démontrées, mais qui sont néanmoins empruntées à d'autres sciences. — Enfin les *Scholies* sont des propositions purement explicatives, qui par conséquent n'en font pas partie comme membres d'un tout systématique.

OBSERVATION. Les moments essentiels et généraux de tout théorème sont : la *Thèse* et la *Démonstration*. — On peut du reste établir cette différence entre les théorèmes et les corollaires, que ceux-ci sont conclus immédiatement, tandis que ceux-là sont, au contraire, déduits, par une série de conséquences, de propositions immédiatement certaines.

§ 40. *Des Jugements de perception et des Jugements d'expérience.* — Un jugement de perception est purement subjectif. — Un jugement objectif formé de perceptions est un jugement d'expérience. Un jugement formé de simples perceptions n'est possible qu'autant que l'on énonce l'idée (*comme perception*) : par exemple, si je perçois une tour, et que je dise qu'elle me paraît rouge. Mais je ne puis pas dire *elle est rouge* : car ce ne serait pas là un jugement purement empirique, mais aussi un *jugement d'expérience*, c'est-à-dire un jugement empirique par lequel je forme une notion d'objet. Par exemple encore si, *en touchant une pierre*, je dis que *je sens de la chaleur*, c'est un jugement de perception ; si je dis, au contraire, que la *pierre est chaude*, c'est un jugement d'expérience. — Le caractère de ce dernier est de ne pas attribuer à l'objet ce qui est simplement dans mon sujet : car un jugement d'expérience est la perception d'où résulte une notion d'objet ; par exemple, si des points lumineux dans la *lune* se meuvent, ou dans *l'air*, ou dans *mon œil*.

CHAPITRE III.

DU RAISONNEMENT. (1).

§ 41. *Du raisonnement en général.* — On entend par l'acte de *raisonner* cette fonction de la pensée par laquelle un jugement est dérivé d'un autre. — Un raisonnement en général est la dérivation d'un jugement d'un autre jugement.

§ 42. *Raisonnements immédiats et Raisonnements médiats.* — Tous les raisonnements sont ou *immédiats* ou *médiats.*

Un raisonnement *immédiat (consequentia immediata)* est la dérivation *(deductio)* d'un jugement d'un autre jugement sans le secours d'un troisième *(judicium intermedium).* Le raisonnement *médiat* a lieu lorsqu'on se sert d'une autre notion encore, outre celle que contient en soi un jugement, pour en dériver une connaissance.

§ 43. *Raisonnement de l'entendement, Raisonnement de la raison, et Raisonnement du jugement.* — Les raisonnements immédiats s'appellent

_____

(1) Voy. *Critiq. de la raison pure.* 2ᵉ édit. en franç. T. II, p. 11-18.
(*Note du trad.*).

aussi *raisonnements intellectuels* [ou de l'entendement] ; tous les raisonnements médiats sont, au contraire, ou des *raisonnements rationnels* [ou de la raison], ou des raisonnements du *jugement.* — Nous parlerons d'abord des raisonnements immédiats ou intellectuels.

§ 44. *Nature propre des Raisonnements intellectuels.* — Le caractère essentiel de tous les raisonnements immédiats, le principe de leur possibilité, ne consiste que dans le changement de la simple *forme* des jugements ; tandis que la *matière* des jugements, le sujet et le prédicat, reste *invariablement la même.*

OBSERVATIONS. 1° De ce que dans les raisonnements immédiats la forme seule, et non la matière du jugement, est changée, ces raisonnements diffèrent essentiellement de tous les raisonnements médiats, dans lesquels les jugements se distinguent aussi *quant à la matière*, puisqu'ici doit intervenir une nouvelle notion comme jugement intermédiaire, ou comme notion moyenne (*terminus medius*) à l'aide de laquelle on déduit un jugement d'un autre. Si, par exemple, je dis : Tous les hommes sont mortels, Caïus est donc mortel, ce n'est pas là un raisonnement immédiat : car ici j'emploie tacitement, pour obtenir la conclusion, ce jugement moyen : Caïus est un homme, et la matière du jugement est changée par cette nouvelle notion.

2° Dans les raisonnements immédiats, il faut aussi faire, à la vérité, un jugement intermédiaire ; mais alors ce jugement est purement tautologique, comme par exemple dans ce raisonnement immédiat : Tous les hommes sont mortels, *quelques hommes sont hommes* ; donc quelques hommes sont mortels. La notion moyenne est une proposition tautologique.

§ 45. *Modes des Raisonnements intellectuels*. — Les raisonnements d'entendement [que nous appellerons désormais raisonnements immédiats], se rangent sous toutes les classes des fonctions logiques du jugement, et sont par conséquent déterminés dans leurs modes principaux par les moments de la quantité, de la qualité, de la relation et de la modalité. De là la division suivante de ces raisonnements.

§ 46. I. *Raisonnements immédiats par rapport à la quantité des jugements* (per judicia subalternata). — Dans les raisonnements immédiats *per judicia subalternata*, les deux jugements diffèrent quant à la *quantité*, et le jugement particulier est alors dérivé du jugement général en vertu du principe : *La conclusion du général au particulier est valable (Ab universali ad particulare valet consequentia).*

OBSERVATION. Un jugement est dit *subalternatum* lorsqu'il est compris *sous* un autre, comme, par exemple, le jugement *particulier* sous le jugement *général*.

§ 47. II. *Raisonnements immédiats par rapport à la qualité des jugements* (per judicia opposita). — Dans les raisonnements immédiats de cette espèce, le changement concerne la *qualité* des jugements, mais par rapport à l'*opposition*. — Or, comme cette opposition peut être de trois sortes, il en résulte la division particulière suivante du raisonnement immédiat : 1° par jugements *opposés contradictoires ;* 2° par jugements *contraires*, et 3° par jugements *sub-contraires*.

OBSERVATION. Les raisonnements immédiats obtenus par *jugements équivalents* (*per judicia æquipollentia*) ne sont pas à proprement parler des raisonnements, car il n'y a lieu à aucune conséquence : ce n'est qu'une pure substitution de mots qui indiquent une seule et même notion ; les jugements restent les mêmes quant à la forme. Exemple : Tous les hommes ne sont pas vertueux, et — Quelques hommes ne sont pas vertueux. — Ces deux jugements disent absolument la même chose.

§ 48. A. *Raisonnements immédiats* (per judicia contradictorie opposita). — Dans les raisonnements immédiats par jugements opposés contradictoirement, et qui, comme tels, forment la véritable opposition, l'opposition pure et simple, la vérité de l'un des jugements contradictoires se déduit de la fausseté de l'autre, et réciproquement : — car la véritable opposition, celle qui ne contient ni plus ni moins que ce qui est nécessaire pour l'opposition, a lieu dans ce cas. En vertu du principe de *l'exclusion d'un tiers*, deux jugements contradictoires ne peuvent pas tous deux être vrais en même temps, mais ils ne peuvent pas non plus être faux tous deux en même temps. Si donc l'un est vrai, l'autre est faux, et réciproquement.

§ 49. B. *Raisonnements immédiats* (per judicia contrarie opposita).—Les jugements contraires ou qui répugnent, sont tels que l'un affirme universellement et que l'autre nie universellement aussi le même du même. Or, comme chacun d'eux dit plus que ce qui est nécessaire pour détruire l'assertion de l'autre, et comme la fausseté peut se rencontrer dans cet excédant, tous deux à la vérité ne peuvent pas être vrais, mais ils peuvent être faux tous deux. — On peut donc, par rapport à cette espèce de jugements, conclure seulement *de la vérité de l'un à la fausseté de l'autre, mais pas réciproquement.*

§ 50. C. *Raisonnements immédiats* (per judicia subcontrarie opposita). — Les jugements subcontraires sont tels que l'un affirme ou nie *particulièrement* ce qu'un autre nie ou affirme au même titre.

Comme tous deux peuvent être vrais en même temps,

mais qu'ils ne peuvent pas en même temps être faux
tous deux, on peut conclure de la fausseté de l'un
à la vérité de l'autre, *mais pas réciproquement.*

OBSERVATION. Dans les jugements subcontraires, il
n'y a pas lieu à une opposition stricte : car on n'affirme pas ou l'on ne nie pas dans l'un touchant les
mêmes objets, ce qui est nié ou affirmé dans l'autre.
Dans ce raisonnement, par exemple : Quelques hommes sont savants, donc quelques hommes ne sont pas
savants, l'affirmation du premier jugement ne tombe
pas sur les *mêmes* hommes que la négation du second.

§ 51. III. *Raisonnements immédiats quant à la
relation des jugements* (per judicia conversa, seu
per conversionem). — Les raisonnements immédiats
par *conversion*, se rapportent à la relation du jugement, et consistent dans la transposition du sujet et
du prédicat dans les deux jugements, en telle sorte
que le sujet d'un jugement devienne le prédicat de
l'autre jugement, et réciproquement.

§ 52. *Conversion simple et conversion par accident.* — Dans la conversion, la quantité des jugements change ou ne change pas. — Dans le premier
cas, la proposition convertie (*conversum*) est différente de la proposition convertissante (*convertente*)
quant à la quantité, et la conversion s'appelle conversion *par accident* (*conversio per accidens*); —

dans le deuxième cas, la conversion s'appelle [simple ou] *pure (conversio simpliciter talis)*.

§ 53. *Règles générales de la conversion.* — Les règles des raisonnements immédiats par conversion sont les suivantes :

1° Les jugements universels affirmatifs ne sont convertibles que par accident : — car le prédicat, dans ces jugements, est plus étendu que le sujet, en sorte qu'une partie seulement de ce prédicat est contenue dans le sujet.

2° Tous les jugements universels négatifs se convertissent simplement : — car ici le sujet est tiré de la sphère du prédicat.

3° Toutes les propositions *particulières affirmatives* se convertissent simplement : — car dans ces jugements, une partie de la sphère du sujet est subsumée au prédicat, et par conséquent une partie de la sphère du prédicat peut se subsumer au sujet.

OBSERVATIONS. 1° Dans les jugements universels affirmatifs, le sujet est considéré comme un *contentum* du prédicat, puisqu'il est compris dans sa sphère. Je puis donc conclure seulement de la manière suivante : Tous les hommes sont mortels ; par conséquent quelques-uns des êtres compris dans la classe des mortels sont des hommes. — Mais si les jugements universels négatifs se convertissent simplement, c'est parce que deux notions universellement contradictoires entre elles se contredisent dans une *égale extension*.

2° Si plusieurs jugements affirmatifs universels sont aussi convertibles *simpliciter*, la raison n'en est pas dans leur forme, elle est dans la propriété particulière de leur *matière*, comme, par exemple, les deux jugements suivants : Tout ce qui est immuable est nécessaire, et Tout ce qui est nécessaire est immuable.

§ 54. IV. *Raisonnements immédiats par rapport à la modalité des jugements* (per judicia contraposita). — Le raisonnement immédiat par contraposition consiste dans cette transposition des jugements, dans laquelle la seule quantité reste la même, tandis que la *qualité* change. — Ce mode de conclusion ne regarde que la modalité des jugements, puisqu'un jugement assertorique s'y convertit en un jugement apodictique.

§ 55. *Règles générales de la contraposition.* — Sous le rapport de la contraposition, *tous les jugements universels affirmatifs se contraposent simplement :* car si le prédicat comme contenu dans le sujet, par conséquent toute sa sphère, est nié, une partie aussi de cette sphère, c'est-à-dire le sujet, doit être également niée (1).

_____

(1) Par exemple : Tous les hommes sont mortels ; donc nul être immortel n'est homme. La proposition particulière négative se contra-

OBSERVATIONS. 1° La métathèse des jugements par conversion et celle par contraposition sont donc opposées entre elles en ce sens que la première *en* change seulement la quantité, et la seconde seulement la qualité.

2° Les raisonnements immédiats ne se rapportent qu'aux jugements *catégoriques*.

SECT. II. — DES RAISONNEMENTS DE LA RAISON.

§ 56. *Du Raisonnement rationnel en général.* — Un raisonnement de cette espèce est la connaissance de la nécessité d'une proposition [*conclusion*], par la subsomption de sa condition [*mineure*] à une règle générale donnée [*majeure*].

§ 57. *Principe général du Raisonnement rationnel.* — Le principe général sur lequel repose la validité de toute conclusion peut s'exprimer par la formule suivante : *Ce qui est soumis à la condition d'une règle, est soumis à cette règle elle-même* (1).

OBSERVATION. Le raisonnement rationnel établit d'abord une *règle générale* et une *subsomption* à la condition de cette règle. — D'où l'on voit une la conclusion n'est pas contenue *a priori* dans le singulier,

---

pose ainsi: Quelques historiens ne sont pas véridiques, — donc quelques personnes non véridiques sont des historiens. (*N. du trad.*)

(1) Au moyen de cette condition. (*N. du trad.*)

mais bien dans le général, et qu'elle est nécessaire sous une certaine condition. — Le fait que tout est soumis au général et peut se déterminer par une règle générale, constitue le principe de la *rationalité* ou de la *nécessité* (*principium rationalitatis seu necessitatis*).

§ 58. *Eléments essentiels du Raisonnement rationnel.* — Tout raisonnement de la raison comprend essentiellement les trois parties suivantes :

1° Une règle générale qu'on appelle *majeure* (*propositio major*) ;

2° La proposition qui subsume une connaissance [le sujet de la conclusion ou le petit terme] à la condition [le moyen] de la règle générale, et qu'on appelle *mineure* (*propositio minor*) ;

3° Et enfin la proposition qui affirme ou qui nie de la connaissance subsumée, le prédicat de la règle [l'attribut de la conclusion ou le grand terme], — et qui est la *conclusion* (*conclusio*).

Les deux premières propositions, prises ensemble, forment les *prémisses* ou propositions premières.

OBSERVATION. Une règle est une assertion soumise à une condition générale. Le rapport de la condition à l'assertion, c'est-à-dire la manière dont celle-ci est soumise à celle-là, est l'*exposant* de la règle.

La connaissance que la condition a lieu (de quelque manière que ce soit), est la *subsomption*.

Ce qui a été subsumé à la condition, joint à l'assertion de la règle, est le *raisonnement*.

§ 59. *Matière et forme du Raisonnement rationnel.* — Les prémisses constituent la *matière* du raisonnement ; la conclusion, par la partie, contient la
conséquence, en constitue la *forme*.

OBSERVATION. 1° Dans tout raisonnement rationnel
il faut donc observer d'abord la vérité des prémisses,
et ensuite la légitimité de la conséquence. — On ne
doit jamais commencer, dans la réfutation d'un raisonnement de cette espèce, par rejeter la conclusion ;
il faut toujours rejeter d'abord soit les prémisses, soit
la conséquence, s'il y a lieu.

2° Dans tout raisonnement rationnel, la conclusion
est donnée en même temps que les prémisses et la
conséquence.

§ 60. *Division des Raisonnements rationnels
(quant à la relation), en catégoriques, hypothétiques et disjonctifs.* — Toutes les règles (jugements)
contiennent l'unité objective de la conscience de la diversité de la connaissance ; elles renferment donc une
condition sous laquelle une connaissance appartient,
avec une autre, à une conscience unique. Or on conçoit trois conditions de cette unité : 1° comme sujet de
l'inhérence des signes ; — 2° ou comme raison de la
dépendance d'une connaissance par rapport à une autre
connaissance ; 3° ou bien enfin comme union des par-

ties en un tout (division logique). Il ne peut donc y avoir non plus que trois sortes de règles générales (*propositiones majores*) à l'aide desquelles la conséquence d'un jugement est dégagée au moyen d'un autre jugement.

De là la division de tous les raisonnements rationnels en raisonnements *catégoriques*, *hypothétiques* et *disjonctifs*.

OBSERVATIONS. 1° Les raisonnements rationnels ne peuvent être divisés ni quant à la *quantité*, car toute majeure est une règle, et par conséquent universelle; — ni quant à la *qualité*, car il est indifférent que la conclusion soit négative ou affirmative; — ni quant à la *modalité*, car la conclusion est toujours accompagnée de la conscience de la nécessité, et par conséquent a toujours le caractère d'une proposition apodictique. — Reste donc la *relation*, comme le seul principe de division possible des raisonnements.

2° Un grand nombre de logiciens n'admettent que les raisonnements *catégoriques* comme raisonnements *ordinaires*, et regardent tous les autres comme *extraordinaires* : ce qui est sans raison, et même faux : car tous trois sont des produits également légitimes de la raison, mais résultant de procédés rationnels essentiellement différents.

§ 61. *Différence propre entre les Raisonnements rationnels catégoriques, les hypothétiques et les dis-*

jonctifs. — La différence entre ces trois sortes de raisonnements réside dans la *majeure*. — Dans les raisonnements *catégoriques*, la majeure est catégorique ;
elle est hypothétique ou problématique dans les raisonnements *hypothétiques*, et disjonctive dans les raisonnements *disjonctifs*.

I. § 62. *Raisonnements catégoriques*. — Il y a
dans tout raisonnement catégorique trois notions principales (*termini*) :

1.º Le prédicat (dans la conclusion), qu'on appelle
grand terme (*terminus major*), parce qu'il a une
sphère plus grande que le sujet, et qui est dans la majeure ;

2º Le *sujet* (dans la conclusion), qu'on appelle *petit
terme* (*terminus minor*) dans la mineure ;

3º Un signe moyen (*nota intermedia*), qu'on
appelle *moyen terme* (*terminus medius*), parce qu'il
sert à subsumer une connaissance à la condition de la
règle.

OBSERVATION. Cette différence dans les termes n'a
lieu que pour les raisonnements rationnels catégoriques, parce qu'ils sont les seuls qui concluent à l'aide
d'un terme moyen ; les autres, au contraire, ne concluent que par la subsomption d'une proposition problématique dans la *majeure*, et assertorique dans la
mineure.

§ 63. *Principes des Raisonnements rationnels*

catégoriques. — Le principe sur lequel reposent la possibilité et la validité de tout raisonnement rationnel catégorique est celui-ci : *Ce qui convient au signe* [*caractère, idée élémentaire*] *d'une chose, convient aussi à la chose même ; et ce qui répugne au signe d'une chose, répugne aussi à la chose même* (*Nota notæ est nota rei ipsius ; repugnans notæ repugnat rei ipsi*).

OBSERVATION. Du principe ci-dessus établi découle clairement le principe : *dictum de omni et nullo ;* il peut par conséquent valoir comme principe suprême pour les raisonnements rationnels en général, et pour les raisonnements catégoriques en particulier.

Les *notions de genre et d'espèce* sont donc des signes généraux de toutes les choses qui sont soumises à ces notions. De là la règle : *Ce qui convient ou répugne au genre ou à l'espèce, convient ou répugne aussi à tous les objets qui sont compris sous ce genre ou sous cette espèce.* Cette règle est précisément le *dictum de omni et nullo.*

§ 64. *Règles pour les raisonnements rationnels catégoriques.* — De la nature et du principe des raisonnements rationnels catégoriques découlent les règles suivantes de ces sortes de raisonnements :

1° Dans tout raisonnement rationnel catégorique, il ne peut y avoir ni plus ni moins de *trois termes*

principaux (*termini*) : car je dois lier ici deux notions (le sujet et le prédicat) à l'aide d'un signe moyen.

2° Les prémisses ne peuvent pas être toutes deux
négatives (*ex puris negativis nihil sequitur*) : car
la subsomption dans la mineure doit être affirmative,
comme indiquant qu'une connaissance est soumise à
la condition de la règle.

3° Les prémisses ne peuvent pas être toutes deux
particulières (*ex puris particularibus nihil sequitur*) : car alors il n'y aurait pas de règle, c'est-à-dire
de proposition universelle d'où l'on pût dériver une
connaissance particulière.

4° La conclusion se règle toujours sur celle des
prémisses qui est la plus faible (*conclusio sequitur
partem debiliorem*); c'est-à-dire sur la proposition
négative et sur la proposition particulière des prémisses. — Donc :

5° Si l'une des prémisses est négative, la conclusion doit être négative; et

6° Si l'une des prémisses est particulière, la conclusion doit être particulière.

7° Dans tout raisonnement rationnel catégorique,
la *majeure* doit toujours être universelle, — la *mineure* toujours affirmative; — d'où il suit enfin :

8° Que la conclusion doit se régler quant à la *qualité* sur la *majeure*, et quant à la *quantité* sur la
mineure.

Observation. Il est facile d'apercevoir que la conclusion doit toujours se régler sur la proposition
prémisse particulière et négative.

1° Si je fais la mineure particulière seulement, et
que je dise : Quelque chose est contenu sous la règle,
je ne puis dire autre chose alors dans la conclusion, si
ce n'est que le prédicat de la règle convient au sujet
de la mineure, parce que je n'ai *pas* subsumé *autre
chose* à la règle. — D'un autre côté, si j'ai une proposition négative pour règle (majeure), je dois alors
conclure négativement; car si la majeure dit : Tel
ou tel prédicat doit être nié de tout ce qui est soumis
à la condition de la règle, la conclusion doit aussi nier
le prédicat de ce qui avait été subsumé (du sujet) à
la condition de la règle.

§ 65. *Raisonnements rationnels catégoriques
purs, et Raisonnements catégoriques mixtes.* —
Un raisonnement rationnel catégorique est pur lorsqu'aucune conclusion immédiate ne s'y trouve mêlée,
et que l'ordre régulier des prémisses est conservé;
dans le cas contraire, on l'appelle impure ou hybride
(*ratiocinium impurum vel hybridum*).

§ 66. *Des Raisonnements mixtes par la conversion des propositions.* — *Figures.* — Au nombre
des raisonnements mixtes doivent être comptés ceux
qui se forment par la conversion des propositions, et
dans lesquels par conséquent la place de ces proposi-

tions n'est pas régulière. Tel est le cas des trois dernières figures du raisonnement rationnel catégorique.

67. *Des quatre figures du syllogisme.* — On
entend par figures quatre manières de conclure, dont
la différence est déterminée par la place particulière
des prémisses et de leurs termes ou notions.

§ 68. *Principe de la détermination de la différence des figures par la position différente du
moyen terme.* — Le moyen terme dont la place nous
occupe ici peut être : 1° Le sujet de la majeure et l'attribut de la mineure, ou 2° l'attribut des deux prémisses, ou 3° le sujet des deux prémisses, ou 4° l'attribut de la majeure et le sujet de la mineure. — La
distinction des quatre figures est déterminée par ces
quatre cas : S indique le sujet de la conclusion, P le
prédicat de la conclusion, et M le moyen terme; en
sorte que le schème des quatre figures peut s'exposer
ainsi :

M P	P M	M P	P M
S M	S M	M S	M S
S P	S P	S P	S P

§ 69. *Règle de la première figure comme seule
régulière.* — La règle de la *première* figure est que :

la *majeure* est *universelle*, la *mineure affirmative*.
— Et comme ce doit être la règle générale de tous les raisonnements catégoriques, il s'ensuit que la première figure est la seule régulière, qu'elle sert de fondement à toutes les autres, qui toutes peuvent s'y ramener, en tant du moins qu'elles sont valables, par la conversion des prémisses (*metathesin præmissorum*).

OBSERVATION. La première figure peut avoir une conclusion de toute qualité et de toute quantité. Dans les autres figures, il n'y a de conclusions que d'une certaine espèce; quelques-uns de leurs *modes* en sont exclus. Ce qui fait déjà voir que ces figures ne sont point parfaites, mais qu'elles sont sujettes à certaines restrictions qui empêchent que la conclusion n'ait lieu dans tous les modes, comme il arrive dans la première figure.

§ 70. *Condition de la réduction des trois dernières figures à la première.* — La condition de la validité des trois dernières figures, sous laquelle un mode légitime de conclusion est possible dans chacune d'elles, tient à ce que le *moyen terme* occupe dans les propositions une place telle que, par des conséquences immédiates (*consequentias immediatas*), la validité de ces figures peut résulter des règles de la première. — De là les règles des trois dernières figures.

§ 71. *Règle de la deuxième figure.* — Dans la deuxième figure la mineure reste la même; la majeure doit donc être *convertie,* mais de manière qu'elle reste *universelle* (1); ce qui n'est possible qu'autant qu'elle est *universelle et négative* (2); mais si elle est *affirmative,* elle doit être contraposée (3). — Dans les deux cas la conclusion est *négative (sequitur partem debiliorem)* (4).

OBSERVATION. Règle de la deuxième figure : Ce à quoi répugne le caractère d'une chose, répugne à la chose elle-même. — Ici, je dois donc d'abord convertir, et dire : Ce à quoi répugne un caractère, répugne à ce caractère même; — ou bien je dois convertir la conclusion de cette manière : La chose même répugne à ce à quoi répugne un caractère de la chose; par conséquent cela répugne à la chose même (5).

(1) Parce que deux propositions particulières ne peuvent former un raisonnement. Voy. de plus règle 7°, p. 183.　　(*Note du trad.*)

(2) Aucun être fini n'est saint; or Dieu est saint : donc il n'est pas un être fini.　　(*Note du trad.*)

(3) Tout animal est un être organisé (nul être non organisé n'est animal); or la pierre n'est pas un être organisé : donc la pierre n'est pas animal.

— Nul cercle n'est triangle; or le triangle isocèle est un triangle : donc le triangle isocèle n'est pas un cercle.　　(*Note du trad.*)

(4) aee, aoo.　　(*Note du trad.*)

(5) Je suis obligé de conserver ces tournures pénibles dans notre langue, afin de mettre en formule la construction de la figure. L'allemand porte : ce à quoi un caractère d'une chose répugne, à cela répugne la chose même; par conséquent il répugne à la chose même.
　　(*Note du trad.*)

§ 72. *Règle de la troisième figure.* — Dans la troisième figure la *majeure* est directe ; par conséquent la *mineure* doit être convertie, de telle sorte néanmoins qu'il en résulte une proposition affirmative ; ce qui n'est possible qu'autant que la proposition affirmative est *particulière* (1) : — la *conclusion* est donc *particulière* (2).

Observation. Règle de la troisième figure : Ce qui convient ou répugne à un caractère, convient ou répugne aussi à quelques-unes des choses sous lesquelles ce caractère est contenu. — Je dois d'abord dire ici qu'il convient ou répugne à tous les subordonnés de ce signe.

§ 73. *Règle de la quatrième figure.* — Si, dans la quatrième figure, la *majeure* est universelle négative, elle est convertible *simpliciter* ; il en est de même de la *mineure,* comme particulière : par conséquent la conclusion est négative. Si, au contraire, la majeure est universelle affirmative, elle ne se convertit ou ne se contrapose que *per accidens,* et par conséquent la conclusion est particulière ou négative. — Si la conclusion ne doit pas être convertie (*PS* changée en *SP*), la transposition des deux prémisses (*meta-*

_____

(1) Par la règle 7ᵉ ci-dessus, p. 183.   (*Note du trad.*)

(2) Tous les hommes sont mortels ; or tous les hommes sont des êtres finis : donc quelques êtres finis sont mortels. (*Note du trad.*)

thesis præmissorum) ou leur conversion (*conversio*) doit alors avoir lieu (1).

OBSERVATION. Dans la quatrième figure on conclut que le *prédicat* se rapporte au *moyen terme*, le moyen terme au *sujet* (de la conclusion), par conséquent le *sujet* au *prédicat ;* ce qui ne conclut absolument pas, mais bien en tout cas la réciproque. — Pour rendre la conclusion possible ou obtenir cette réciproque, la majeure doit être prise pour la mineure, et *vice versa ;* et la conclusion doit être convertie, parce que dans le premier changement le petit terme est transformé en grand terme.

§ 74. *Résultats généraux sur les trois dernières figures.* — Des règles données pour les trois dernières figures il suit que

1° Dans aucune d'elles il n'y a conclusion universelle affirmative, mais que la conclusion est toujours ou négative ou particulière;

2° Il se mêle à chacune un *raisonnement immédiat* (*consequentia immediata*), qui, à la vérité, n'est pas expressément indiqué, mais qui cependant doit être tacitement entendu; — d'où il suit aussi que

---

(1) Nul triangle n'est formé de quatre lignes; or tout espace compris entre quatre lignes est une figure : donc quelques figures ne sont pas des triangles.

Pour faire mieux sentir la différence entre les quatre figures, il vaudrait encore mieux prendre un raisonnement unique, auquel on ferait subir successivement les formes des quatre figures. (*N. du trad.*)

3° Ces trois derniers *modes* de raisonnement ne sont pas purs, mais hybrides, puisque tout raisonnement pur ne peut avoir plus de trois termes (1).

II. § 75. *Des raisonnements rationnels hypothétiques.* — Un raisonnement hypothétique est celui dont la majeure est hypothétique. — Elle se compose par conséquent de deux propositions : 1° d'un *antécédent,* 2° d'un *conséquent ;* et l'on conclut ou suivant le *modus ponens,* ou suivant le *modus tollens.*

OBSERVATION. 1° Les raisonnements rationnels hypothétiques n'ont donc pas de *moyen terme,* mais on y indique seulement la conséquence d'une proposition par l'autre. — La *majeure* de ce raisonnement contient donc la conséquence de deux propositions exprimées explicitement, dont la première est une prémisse, la deuxième une conclusion. La *mineure* est un changement de la condition problématique en une proposition catégorique.

2° D'où il suit que le raisonnement hypothétique ne se compose que de deux propositions, et qu'il n'a pas de moyen terme ; que ce n'est par conséquent pas un raisonnement rationnel proprement dit, mais plutôt une simple conséquence immédiate à démontrer par un antécédent et un conséquent, quant à la matière ou quant à la forme (*consequentia imme-*

_____

(1) V. l'APPENDICE ci-après.   (*Note du trad.*)

diata demonstrabilis [*ex antecedente et consequente*] *vel quoad materiam quoad formam*) (1).

Tout raisonnement rationnel doit être une preuve ;
or le raisonnement hypothétique n'est qu'un *fondement* de preuve : d'où il suit clairement qu'il ne sau-
rait être un raisonnement rationnel.

§ 76. *Principe des raisonnements hypothétiques.*
— Le principe des raisonnements hypothétiques est
ainsi conçu : *A ratione ad rationatum, a negatione
rationati ad negationem rationis, valet consequentia.*

III. § 77. *Des raisonnements rationnels disjonctifs.* —Dans les raisonnements disjonctifs, la *majeure*
est *disjonctive*, et, comme telle, doit avoir des membres de division ou de disjonction.

On y conclut : 1° ou de la vérité d'un membre de
la disjonction à la fausseté des autres ; 2° ou de la
fausseté de tous les membres moins un à la vérité de
ce seul membre. Dans le premier cas le raisonnement
se fait par le *modum ponentem* ou *ponendo tollentem* ; dans le second cas, par le *modum tollentem* ou
tollendo ponentem.

Observation. 1° Tous les membres de la disjonction
pris ensemble, un seul excepté, forment l'opposition
contradictoire avec ce membre unique. Il y a donc

(1) Voy. Krug, *Logik*, p. 262.   (*Note du trad.*)

ici une dichotomie suivant laquelle, si l'un des deux termes de l'opposition est vrai, l'autre doit être faux, et réciproquement.

2° Tous les raisonnements disjonctifs qui ont plus de deux membres, sont donc polysyllogistiques : car toute vraie disjonction ne peut être qu'*à deux membres*, ainsi que la division logique ; mais les membres *subdivisants* sont placés, pour plus de brièveté, parmi les membres *divisants*.

§ 78. *Principe des raisonnements rationnels disjonctifs*. — Le principe des raisonnements disjonctifs est le *principe de l'exclusion d'un tiers*, qui est ainsi conçu : — *A contradictorie oppositorum negatione unius ad affirmationem alterius, — a positione unius ad negationem alterius, — valet consequentia.*

§ 79. *Dilemmes*. — Un dilemme est un raisonnement rationnel hypothétiquement disjonctif, ou un raisonnement hypothétique dont le *conséquent* est un jugement disjonctif. — La proposition hypothétique dont le *conséquent* est disjonctif, est la proposition majeure ; la mineure affirme que le conséquent *per omnia membra* est faux, et la conclusion affirme la fausseté de l'antécédent. — *A remotione consequentis ad negationem antecedentis valet consequentia.*

Observation. Les anciens employaient beaucoup le dilemme, et l'appelaient argument *cornu*. Ils savaient par ce moyen pousser un adversaire à bout, en exposant tous les partis qu'il pouvait prendre, et en le mettant en contradiction avec lui-même sur tous les points, quelque opinion qu'il adoptât. — Mais ce n'est là qu'un art sophistique, bien plus fait pour soulever des difficultés que pour les résoudre ; ce qui est souvent très-facile.

Si donc on voulait réputer faux tout ce qui présente des difficultés, on se ferait un jeu facile de tout rejeter. — Il est bon, à la vérité, de faire voir l'impossibilité de la thèse opposée à celle qu'on admet ; mais il y a néanmoins quelque chose d'illusoire, en ce qu'on fait passer l'*inintelligibilité* de la thèse pour son *impossibilité*. — Les *dilemmes* ont donc quelque chose de captieux, lors même qu'ils concluent rigoureusement. Ils peuvent être employés pour défendre, mais aussi pour attaquer des propositions vraies.

§ 80. *Raisonnements formels et raisonnements cryptiques* (ratiocinia formalia et cryptica). — Un raisonnement rationnel formel est celui qui renferme tout ce qui est régulièrement exigé pour un raisonnement, non-seulement quant à la matière, mais encore quant à la forme, et qui est intégralement exprimé. — Les raisonnements rationnels *cryptiques* (ou déguisés) sont opposés aux formels. Au nombre des raisonnements cryptiques peuvent être comptés ceux dans lesquels les prémisses sont transposées, ou auxquels il manque une prémisse, ou bien enfin ceux dans lesquels le moyen terme n'est lié qu'à la conclusion. — Un raisonnement cryptique de la deuxième espèce est celui dans lequel l'une des prémisses n'est pas exprimée, mais seulement pensée : on l'appelle syllogisme *tronqué* ou *enthymème*. — Ceux de la troisième espèce sont appelés syllogismes *contractés*.

Sect. III. — Raisonnements du Jugement.

§ 81. *Jugement déterminatif et jugement réflexif.* — Le jugement est de deux sortes, suivant qu'il est *déterminatif* ou *réflexif*. Le premier passe du *général au particulier;* le second, du *particulier au général.*— Celui-ci n'a qu'une valeur *subjective* : car le général auquel il va en partant du particulier, n'est qu'un général *empirique,* — un simple analogue du général *logique.*

§ 82. *Raisonnements du jugement réflexif.*—Les raisonnements du jugement sont certains procédés syllogistiques pour passer des notions particulières aux notions générales. — Ce ne sont par conséquent pas des fonctions du jugement *déterminatif*, mais bien du jugement *réflexif*. — Ils ne déterminent donc pas l'*objet,* mais la *manière de réfléchir* sur l'objet pour parvenir à la connaissance.

§ 83. *Principe de ces raisonnements.* — Le principe des raisonnements du jugement est celui-ci :
*Plusieurs choses ne peuvent convenir en une seule
sans un principe commun ; mais ce qui convient
de cette manière à plusieurs choses, provient nécessairement d'un principe commun.*

Observation. Les raisonnements du jugement, qui
se fondent sur ce principe, ne peuvent, par cette raison, valoir pour des raisonnements *immédiats.*

§ 84. *De l'induction et de l'analogie,* — *les
deux espèces de raisonnements du jugement.* —
Puisque le jugement va du particulier au général,
pour dériver des jugements généraux de l'expérience,
par conséquent non *a priori* (empiriquement), il conclut : ou de plusieurs choses d'une espèce à toutes les
choses de cette espèce, ou de plusieurs *déterminations*
et propriétés en quoi s'accordent des choses d'espèce
identique, aux *autres* déterminations et propriétés *en
tant qu'elles appartiennent au même principe.* —
La première espèce de raisonnement s'appelle raisonnement *par induction* ; la seconde, raisonnement *par
analogie.*

Observations. 1° L'induction conclut du particulier au général (*a particulari ad universale*) d'après
le principe de la *généralisation,* qui est ainsi conçu :
*Ce qui convient à plusieurs choses d'un genre, con-
vient aussi à toutes les autres choses [du même genre].*

L'analogie conclut de la ressemblance *particulière* de deux choses à la ressemblance *totale*, d'après le principe de la *spécification*. Des choses d'un genre au sujet desquelles on connaît plusieurs caractères qui s'accordent entre eux, s'accordent pour le surplus que nous connaissons dans quelques individus de ce genre, mais que nous n'apercevons pas dans d'autres.

L'induction va des *données empiriques* du particulier au général par rapport à *plusieurs objets.* — L'analogie, au contraire, passe les *qualités données* d'une chose à un *plus grand nombre de qualités* de la *même chose.* — *Une seule chose dans un grand nombre de sujets,* donc dans tous : *Induction.* — *Plusieurs choses dans un sujet* (qui sont aussi dans un autre), donc aussi le reste dans le même sujet : *Analogie.* — Ainsi, par exemple, l'argument en faveur de l'immortalité, qui consiste à partir du développement parfait des facultés naturelles de toute créature, est un raisonnement par analogie.

Dans le raisonnement par analogie, on n'exige cependant pas l'*identité du principe* (*par ratio*). Nous concluons par analogie seulement qu'il y a des êtres raisonnables dans la lune ; mais nous n'en concluons pas qu'il y ait des hommes. — On ne conclut pas non plus par analogie au delà du troisième terme de comparaison.

2° Tout raisonnement rationnel doit donner la nécessité : l'induction et l'analogie ne sont donc pas des raisonnements de la raison, mais seulement des *présomptions* logiques ou des raisonnements empiriques. On obtient bien par induction des propositions générales, mais pas des propositions universelles.

3° Les raisonnements du jugement sont utiles, indispensables même, pour l'extension de notre connaissance expérimentale. Mais comme ils ne donnent jamais qu'une certitude empirique, nous devons nous en servir avec circonspection.

§ 85. *Raisonnements rationnels simples, et Raisonnements composés.* — Un raisonnement rationnel est simple s'il n'en comprend qu'un seul ; composé, s'il en comprend plusieurs.

§ 86. *Ratiocinatio polysyllogistica.* — Un raisonnement composé, dans lequel plusieurs raisonnements sont unis entre eux, non par la simple coordination, mais par la *subordination*, c'est-à-dire comme principes et conséquences, forme une chaîne de raisonnements rationnels, *ratiocinatio polysyllogistica*.

§ 87. *Prosyllogismes et épisyllogismes.* Dans la série des raisonnements composés, on peut conclure d'une double manière : ou des principes aux conséquences, ou des conséquences aux principes. Le premier procédé s'appelle raisonnement par *épisyllogismes* ; le second, par *prosyllogismes*.

Un épisyllogisme est donc un raisonnement, dans la

série syllogistique, dont une des prémisses devient la conclusion d'un *prosyllogisme*, c'est-à-dire la conclusion d'un syllogisme qui a l'une des prémisses du premier pour conclusion.

§ 88. *Sorite ou chaîne syllogistique*. — Un syllogisme formé de plusieurs autres syllogismes abrégés et rattachés entre eux de manière à former une conclusion unique, s'appelle *sorite* ou *chaîne syllogistique*. Cette chaîne peut être *progressive* ou *régressive*, selon que l'on va des principes plus proches aux plus éloignés, ou des plus éloignés aux plus proches.

§ 89. *Sorites catégoriques et Sorites hypothétiques*. — Les sorites progressifs, comme les sorites régressifs, peuvent être de plus, ou *catégoriques* ou *hypothétiques*. — Les premiers se composent de *propositions catégoriques* comme d'une série de prédicats ; les seconds, de propositions *hypothétiques* comme d'une série de conséquences.

§ 90. *Raisonnements délusoires*, — *Paralogismes*, — *Sophismes* (1). — Un raisonnement rationnel qui est faux quant à la forme, quoiqu'il ait l'apparence d'un raisonnement juste, est un raisonnement *délusoire (fallacia)*. — Un pareil raisonnement est un *paralogisme* si l'on se trompe par là soi-même : c'est un *sophisme* si l'on cherche à tromper les autres.

(1) Voy. *Crit. de la raison pure*. 2ᵉ édit. en franç., t. I, p. 287 et suiv.; t. II, p. 1-267 283-342.   (*Note du trad.*)

OBSERVATION. Les anciens s'occupaient beaucoup de l'art des sophismes : on en distinguait un grand nombre d'espèces, par exemple le *sophisma figuræ dictionis*, où le moyen terme est pris en différents sens ; — la *fallacia a dicto secundum quid ad dictum simpliciter ;* — le *sophisma heterozeteseos, elenchi ignorationis*, etc., etc.

§ 91. *Saut dans le Raisonnement.* — Le saut dans le raisonnement ou la preuve consiste à lier de telle sorte l'une des prémisses avec la conclusion, que l'autre prémisse est omise. Un tel saut est *légitime* si chacun peut facilement suppléer la prémisse sous-entendue ; mais il est *illégitime* si cette subsomption n'est pas claire. — C'est ici un signe éloigné uni à une chose sans signe intermédiaire (*nota intermedia*).

§ 92. *Petitio principii.* — *Circulus in probando.* — On entend par pétition de principe l'admission d'une proposition pour principe de preuve, comme proposition immédiatement certaine, quoiqu'elle ait encore besoin de preuve. — Et l'on commet un cercle dans la preuve lorsqu'on donne la proposition qu'on voulait prouver pour principe de sa preuve *propre*.

OBSERVATION. Le cercle dans la preuve n'est pas toujours facile à découvrir, et cette faute n'est jamais plus fréquente que lorsque les preuves sont difficiles à donner.

§ 93. *Probatio plus et minus probans*. — Une preuve peut prouver trop ou peu. Dans le dernier cas, elle ne prouve qu'une partie de ce qu'elle devrait prouver ; dans le premier, elle va jusqu'à prouver ce qui est faux.

OBSERVATION. — Une preuve qui prouve trop peu, peut être vraie, et n'est par conséquent pas à rejeter. Mais si elle prouve trop, elle prouve au delà de la vérité, et par conséquent ce qui est faux. Ainsi, par exemple, l'argument contre le suicide où il est dit que celui qui n'a pas donné la vie ne peut l'ôter, prouve trop : si ce principe était vrai, nous ne pourrions tuer aucun animal. Il est donc faux.

SECONDE PARTIE.

MÉTHODOLOGIE GÉNÉRALE.

———

§ 94. *Manière et méthode*. — Toute connaissance et tout ensemble de connaissances doit être conforme à une règle : ce qui est sans règles est en même temps sans raison. — Mais cette règle est ou celle de la *manière* (liberté), ou celle de la *méthode* (contrainte).

§ 95. *Forme de la science*. — *Méthode*. — La connaissance, comme science, doit aussi se régler d'après une méthode : car qui dit science dit ensemble de connaissances comme système, et non simplement comme agrégat. — La science exige donc que la connaissance soit conçue systématiquement, et par conséquent formée suivant certaines règles.

§ 96. *Méthodologie*. — *Son objet et sa fin*. — De même que la doctrine élémentaire en logique a pour

(1) Voy. *Critiq. de la raison pure*, t. II, p. 404-437. (*N. du trad.*)

objet les éléments et les conditions de la perfection d'une connaissance par rapport à son objet, — de même la méthodologie générale, comme deuxième partie de la logique, doit au contraire traiter de la forme d'une science en général, ou de la manière de procéder pour faire une science avec la diversité de la connaissance.

§ 97. *Moyen d'obtenir la perfection logique de la connaissance.* — La méthodologie doit exposer la manière dont nous pouvons arriver à la perfection de la connaissance. — Or, une des perfections logiques essentielles de la connaissance consiste dans la lucidité, la fondamentalité, et un tel ordre systématique de la connaissance qu'il en résulte un tout scientifique. La méthodologie devra donc avant tout donner les moyens d'atteindre ces perfections de la connaissance

§ 98. *Conditions de la clarté de la connaissance.* — La lucidité des connaissances et leur liaison en un tout systématique, dépend de la clarté des notions, tant par rapport à ce qui est contenu *en* elles que par rapport à ce qui est contenu *sous* elles.

La conscience claire de la matière des notions s'obtient par leur exposition et leur définition ; — la conscience claire de leur circonscription ou extension s'obtient au contraire par leur division logique. Nous traiterons donc d'abord des moyens de donner de la clarté aux notions *par rapport à leur matière.*

I. PERFECTION LOGIQUE DE LA CONNAISSANCE PAR *définition, exposition et description des notions.*

§ 99. *Définition.* — Une définition est une notion
suffisamment éclaircie et déterminée (*conceptus rei
adæquatus in minimis terminis ; complete deter-
minatus*).

OBSERVATION. La définition ne doit être considérée
que comme une notion logiquement parfaite ; car elle
réunit les deux perfections essentielles d'une notion,
la lucidité, l'intégralité et la précision dans la lucidité
(quantité de la lucidité).

§ 100. *Définition analytique et définition synthétique.* — Toutes les définitions sont ou analytiques
ou synthétiques. — Les premières sont des définitions
d'une notion *donnée ;* les secondes sont des définitions
d'une notion *formée* (1).

§ 101. *Notions données et notions formées* a priori
et a posteriori. — Les notions données d'une définition analytique sont données ou *a priori* ou *a posteriori ;* de même que les notions formées d'une définition synthétique, le sont ou *a priori* ou *a posteriori.*

§ 102. *Définitions synthétiques par exposition
ou par construction.* — La synthèse des notions formées, d'où résultent les définitions synthétiques, est
ou la synthèse de l'*exposition* (des phénomènes), ou

---

(1) On le forme en le définissant.   (*Note du trad.*)

celle de la *construction*. Celle-ci est la synthèse des notions formées *arbitrairement ;* la première est la synthèse des notions formées empiriquement, c'est-à-dire de phénomènes donnés qui en sont comme la matière (*conceptus factitii vel a priori, vel per synthesim empiricam*). — Les notions formées arbitrairement sont les notions mathématiques.

OBSERVATION. Toutes les définitions des notions mathématiques, comme aussi (quand d'ailleurs des définitions sont possibles en fait de notions empiriques) celles des notions de l'expérience, doivent donc se faire synthétiquement : car, même dans les notions de la dernière espèce, par exemple dans les notions empiriques d'eau, de feu, d'air, etc., je ne dois pas décomposer ce qui est contenu *en elles*, mais je dois apprendre à connaître par l'expérience ce qui *leur* appartient. — Toutes les notions empiriques doivent donc être considérées comme des notions formées, dont la synthèse n'est pas arbitraire, mais empirique.

§ 103. *Impossibilité des définitions empiriquement synthétiques*. Comme la synthèse des notions empiriques n'est pas arbitraire, qu'elle est empirique, et qu'en cette qualité elle ne peut jamais être parfaite (parce qu'on peut toujours découvrir dans l'expérience un plus grand nombre de caractères de la notion), les notions empiriques ne peuvent donc être définies.

Observation. Les notions arbitraires formées synthétiquement sont donc les seules qui puissent se définir. Ces définitions de notions arbitraires, qui non-seulement sont toujours possibles, mais qui sont aussi nécessaires, et qui doivent précéder tout ce qu'on peut dire à l'aide d'une notion arbitraire, peuvent aussi s'appeler *déclarations* [ou explications], en tant que l'on explique par là ses pensées ou que l'on rend compte de ce qu'on entend par un mot. C'est ce qui se pratique chez les *mathématiciens*.

§ 104. *Définitions analytiques des notions par la décomposition des notions données* a priori *ou* a posteriori. — Toutes les notions *données*, qu'elles le soient *a priori* ou *a posteriori*, ne peuvent être définies que par l'*analyse* : car on ne peut rendre claires des notions données qu'autant qu'on en rend successivement claires les notions élémentaires. — Si *toutes* ces notions élémentaires d'une notion complète donnée sont claires, alors la notion sera *parfaitement* claire elle-même ; si en même temps elle ne contient pas trop d'éléments, elle sera de plus précise, d'où résultera une définition de la notion.

Observation. Comme on ne peut être certain par aucune preuve si l'on a épuisé par une analyse complète tous les éléments d'une notion donnée, toutes les définitions analytiques doivent passer pour incertaines.

§ 105. *Expositions et descriptions*. — Toutes les notions ne *peuvent* donc ni ne *doivent* être définies.

Il y a des approximations de la définition de certaines notions : ce sont d'une part des *expositions* (*expositiones*), et d'autre part des *descriptions* (*descriptiones*). *Exposer* une notion c'est faire connaître continûment (successivement) les signes ou éléments dont elle se forme, tant qu'on peut en trouver par l'analyse.

La *description* est l'exposition d'une notion en tant que cette exposition n'est pas précise.

OBSERVATIONS. 1° Nous pouvons exposer une notion ou l'*expérience* (c'est-à-dire un fait). La première de ces expositions se fait par analyse, la deuxième par synthèse.

2° L'exposition n'a donc lieu que dans les notions *données*, qui sont par là rendues claires ; elle se distingue ainsi de la *déclaration* ou *explication*, qui est une représentation claire de notions *formées*.

Comme il n'est pas toujours possible de rendre l'analyse parfaite, et comme en général une décomposition doit être imparfaite avant d'être parfaite, une exposition imparfaite, comme partie d'une définition, est aussi une vraie et utile exposition d'une notion. La définition n'est toujours ici que l'idée d'une perfection logique que nous devons chercher à atteindre.

3° La description ne peut avoir lieu que dans les notions empiriques. Elle n'a pas de règles déterminées, et ne contient que les matériaux pour la définition.

§ 106. *Définitions nominales, Définitions réelles.*
— Par pures *explications de noms* ou *définitions nominales* il faut entendre celles qui contiennent le sens qu'on a voulu donner arbitrairement à un certain mot, et qui par conséquent, n'indiquant que l'essence logique de leur objet, servent simplement à le distinguer d'un autre objet. — Les *explications des choses* ou *les définitions réelles* sont au contraire celles qui suffisent à la connaissance des déterminations internes d'un objet, en exposant la possibilité de cet objet par des signes internes.

Observations. 1° Si une notion est suffisante intrinsèquement pour distinguer la chose, elle l'est aussi extrinsèquement sans aucun doute ; mais si elle est insuffisante intrinsèquement, elle peut cependant suffire, quoique *à certains égards* seulement, sous le rapport extrinsèque, à savoir, dans la comparaison du défini avec autre chose ; mais la suffisance extrinsèque *illimitée* [ou absolue] n'est pas possible sans l'intrinsèque.

2° Les objets d'expérience ne sont susceptibles que de définitions de nom. — Les définitions nominales logiques des notions intellectuelles données sont prises d'un attribut ; les définitions réelles, au contraire, sont prises de l'essence des choses, du principe premier de la possibilité. Les dernières contiennent par conséquent ce qui convient toujours à la chose, son

essence réelle. — Des définitions purement *négatives*
ne peuvent donc pas non plus s'appeler des définitions
réelles, parce que, si des signes négatifs peuvent aussi
bien servir que des signes affirmatifs à la distinction
d'une chose d'avec une autre, ils ne peuvent cependant servir à faire connaître la possibilité intrinsèque d'une chose.

En matière de morale, on doit toujours chercher des
définitions réelles. — Il y a des définitions réelles en
mathématiques : car la définition d'une notion arbitraire est toujours réelle.

3° Une définition est *génétique* lorsqu'elle donne
une notion par laquelle l'objet peut être exposé *a
priori in concreto* : telles sont toutes les définitions
mathématiques.

§ 107. *Conditions principales de la définition.* —
Les conditions essentielles et générales de la perfection d'une définition se rapportent aux quatre principaux moments de la quantité, de la qualité, de la relation et de la modalité.

1° Quant à la *quantité*, — pour ce qui regarde la
sphère de la définition, — la définition et le défini
doivent être des *notions réciproques (conceptus reciproci)*, et par conséquent la définition ne doit être
ni plus ni moins étendue que son défini.

2° Quant à la *qualité*, la définition doit être une notion *développée*, et en même temps *précise*.

3° Quant à la *relation*, la définition ne doit pas être *tautologique*, c'est-à-dire que les signes définis doivent être, comme principes de connaissance du défini, différents du défini lui-même; et enfin,

4° Quant à la *modalité*, les signes doivent être *nécessaires*, et non convenir par expérience.

OBSERVATION. La condition que la notion de genre et la notion de la différence spécifique (*genus et differentia specifica*) doivent constituer la définition, n'est valable que par rapport aux définitions nominales dans la *comparaison*, mais non par rapport aux définitions réelles dans la *dérivation*.

§ 108. *Règles pour l'examen des définitions.* — Dans l'examen des définitions il y a quatre opérations à faire : il faut chercher si la définition,

1° Considérée comme proposition, est *vraie ;*

2° Si, considérée comme notion, elle est *claire ;*

3° Si, comme notion claire, elle est aussi *développée ;* enfin,

4° Si, comme notion développée, elle est en même temps *déterminée*, c'est-à-dire adéquate à la chose même.

§ 109. *Règles des définitions.* — Il faut suivre, pour bien définir, les règles qui servent à critiquer les définitions. — On cherchera donc :

1° Des propositions vraies,

2° Et dont le prédicat ne suppose pas déjà la notion de la chose ;

3° On en recueillera plusieurs, on les comparera avec la notion même de la chose, et on verra celle qui est adéquate ;

4° Enfin on regardera si un signe ne se trouve pas dans l'autre, ou s'il ne lui est pas subordonné.

Observations. 1° Ces règles, comme on le pense bien, ne valent que pour les définitions analytiques.— Mais comme on ne peut jamais être certain, dans ces sortes de définitions, si l'analyse est parfaite, on ne doit considérer la définition qu'à titre d'essai, et ne l'employer que comme si elle n'était pas une définition. Avec cette réserve, on peut néanmoins s'en servir comme d'une notion claire et vraie, et tirer les corollaires de ces signes. Je pourrai donc dire que la définition convient aussi à ce à quoi convient la notion du défini ; mais pas réciproquement, puisque la définition ne définit pas le défini.

2° Se servir de la notion du défini dans la définition, ou donner la définition pour fondement de la définition, c'est ce qui s'appelle définir par un *cercle* (*circulus in definiendo*).

II. Condition de la perfection de la connaissance par la division logique des notions.

§ 110. *Notions de la Division logique.* — Toute notion contient *sous* elle une diversité homogène ou hétérogène. — La détermination d'une notion par rapport à tout le possible qui est contenu sous elle, en tant que ce possible est divers, s'appelle *division logique de la notion.* — La notion supérieure s'appelle *notion divisée (divisum)*, et les notions inférieures, *les membres de la division (membra divisionis).*

Observations. 1° *Partager* une notion et la *diviser*, sont donc deux choses bien différentes. Je vois dans la partition (au moyen de l'analyse) de la notion ce qui est contenu *en* elle ; dans la division je considère tout ce qui est contenu *sous* elle (1). Ici je partage la sphère de la notion, et non la notion elle-même. Il s'en faut donc beaucoup que la division d'une notion en soit la partition ; de plus, les membres de la division contiennent plus en eux que la notion divisée.

2° Nous allons des notions inférieures aux notions supérieures, et nous pouvons ensuite redescendre de celles-ci aux inférieures, au moyen de la division.

§ 111. *Règle générale de la division logique.* — Dans toute division d'une notion il faut faire en sorte,

1° Que les membres de la division s'excluent ou soient opposés entre eux ;

---

(1) Dans la partition d'une idée, on en énumère les idées élémentaires, on en fait connaitre la compréhension ; dans la division, on énumère au contraire les espèces (logiques ou réelles) contenues dans l'idée comme genre. La première opération se rapproche plus de la définition et du jugement analytique que la seconde. (*Note du trad.*)

2° Que, de plus, ils appartiennent à une notion supérieure commune,

3° Et qu'enfin tous ensemble forment la sphère de la notion divisée, ou lui soient équivalents.

OBSERVATION. Les membres de la division doivent se distinguer les uns des autres par l'opposition *contradictoire*, non par une simple opposition (*contrarium*).

§ 112. *Codivisions et Subdivisions.* — Différentes divisions d'une notion, faites de points de vue divers, s'appellent *codivisions* ou divisions *collatérales ;* et la division des membres de la division s'appelle *subdivision*.

OBSERVATIONS. 1° La subdivision peut être continuée indéfiniment ; mais elle peut être finie comparativement. La codivision s'étend aussi à l'indéfini, particulièrement dans les notions d'expérience : car, qui peut épuiser toutes les relations des notions ?

2° On peut aussi appeler la *codivision*, une division d'après la différence des notions d'un même objet (des points de vue), de la même manière que la *subdivision* peut s'appeler une division des points de vue mêmes.

§ 113. *Dichotomie et Polytomie.* — Une division *à deux* membres s'appelle *dichotomie ;* si elle a plus de deux membres, *polytomie.*

OBSERVATIONS. 1° Toute polytomie est empirique ; la dichotomie est la seule division par principes *a priori*, — par conséquent la seule division *primitive* : car les membres de la division doivent être opposés entre eux; cependant la contre-partie de tout A n'est autre chose que non-A.

2° La polytomie ne peut être enseignée en logique : elle dépend de la *connaissance de l'objet*. Mais la dichotomie n'a besoin que du *principe de contradiction*, sans qu'il soit nécessaire de connaître, *quant à la matière*, la notion que l'on veut diviser. — La polytomie a besoin de l'*intuition*, soit de l'intuition *a priori*, comme en mathématiques (par exemple dans la division des sections coniques), soit de l'intuition empirique, comme dans la description de la nature. — Cependant la division par le *principe de la synthèse a priori* ou la *trichotomie* renferme :

1° La notion comme condition,

2° Le conditionné,

3° La dérivation du conditionné par rapport à la condition.

§ 114. *Différentes Divisions de la Méthode.* — Pour ce qui est de la méthode elle-même dans le travail et le traité de la connaissance scientifique, on en distingue de plusieurs sortes principales que nous pouvons donner ici d'après la division suivante.

§ 115. *a) Méthode scientifique et Méthode populaire.* — La méthode *scientifique* ou *scolastique* se distingue de la méthode populaire, en ce qu'elle

part de propositions fondamentales élémentaires;
tandis que la méthode populaire part de l'habituel
et de l'intéressant. La première tend à la fondamentalité, et écarte par conséquent tout élément hétérogène; la seconde a pour objet la conversation.

OBSERVATIONS. Ces deux méthodes se distinguent
donc quant à la manière, et non quant au style seulement; la popularité dans la méthode est donc autre
chose que la popularité dans l'expression.

§ 116. *b) Méthode systématique et Méthode
fragmentaire.* — La méthode *systématique* est opposée à la méthode *fragmentaire* ou *rhapsodique.*
Lorsqu'on a pensé suivant une méthode, qu'on a suivi
cette méthode dans l'exposition des matières, et que
le passage d'une proposition à une autre est clairement indiqué; alors on a traité une connaissance
scientifiquement. Si au contraire, ayant pensé méthodiquement, on n'a pas suivi de méthode dans l'exposition de la pensée, cette manière peut s'appeler *rhapsodique.*

OBSERVATION. L'exposition systématique est opposée
à l'exposition fragmentaire, comme l'exposition méthodique à la tumultuaire. Celui qui pense méthodiquement peut exposer sa pensée systématiquement
ou fragmentairement. — L'exposition extérieurement
fragmentaire, mais méthodique au fond, est une exposition *aphoristique.*

§ 117. *c*) *Méthode analytique et méthode synthétique.* — La méthode analytique est opposée à la méthode synthétique. La première part du conditionné et du fondé, pour s'élever aux principes (*a principiatis ad principia*); celle-ci, au contraire, descend des principes aux conséquences, ou du simple au composé (du conditionnant au conditionné). On pourrait appeler la première régressive, la seconde progressive.

Observation. La méthode analytique s'appelle aussi méthode d'invention. — La méthode analytique est plus appropriée à la popularité; la méthode synthétique plus appropriée à un traité scientifique et systématique de la connaissance.

§ 118. *d*) *Méthode syllogistique et Méthode tabulaire.* — La méthode syllogistique est celle qui consiste à présenter une science sous la forme d'un enchaînement de syllogismes. La méthode tabulaire ou par tableaux est celle par laquelle on représente l'édifice entier de la science, de manière à faire voir facilement l'ensemble.

§ 119. *e*) *Méthode acroamatique et Méthode érotématique.* — La méthode est acroamatique toutes les fois qu'on se borne à enseigner en parlant seul; elle est érotématique si l'on interroge en enseignant. — Cette dernière méthode se subdivise en *dialogique* ou *socratique* et en *catéchétique,* suivant que les questions s'adressent à la raison ou à la mémoire.

Observation. On ne peut enseigner par la méthode érotématique que par le dialogue socratique, dans lequel deux interlocuteurs se questionnent et se répondent mutuellement : en sorte qu'il semble que le maître lui-même soit aussi disciple. Le dialogue socratique enseigne par questions, puisqu'il apprend au disciple à connaître les principes de sa propre raison, et le provoque à y donner son attention ; par la cathéchèse commune, au contraire, on ne peut pas enseigner; on peut seulement questionner sur ce que l'élève a appris acroamatiquement. — La méthode catéchétique vaut donc seulement pour les connaissances empiriques et les rationnelles, et la méthode dialogique, au contraire, pour les connaissances rationnelles.

§ 120. *Méditer.* — J'entends par méditer, réfléchir ou penser méthodiquement. — La méditation doit accompagner toute lecture et toute instruction. Pour bien méditer, il faut d'abord se livrer à un examen préliminaire de la question, tâcher d'en saisir toute la portée et l'ensemble, et ensuite conduire et exposer les pensées avec ordre, ou les lier suivant une méthode.

FIN DE LA LOGIQUE.

APPENDICE

LA FAUSSE SUBTILITÉ DES QUATRE FIGURES DU SYLLOGISME DÉMONTRÉE.

1762.

I

§ 1er. — *Notion générale de la nature des Raisonnements rationnels.* — *Juger*, c'est comparer à une chose un signe ou caractère. La chose même est le sujet, le signe est le prédicat. La comparaison est exprimée par le mot lien *est* ou *être*, lequel, lorsqu'il est employé absolument, indique le prédicat comme un signe du sujet; mais s'il est accompagné du signe de la négation, il fait entendre que le prédicat est opposé au sujet. Dans le premier cas, le jugement est affirmatif; dans le second, il est négatif. On comprend facilement que lorsqu'on appelle le pré-

dicat un signe, on ne veut pas dire par là que ce soit un
signe du sujet [un de ses caractères]; il n'en est ainsi
que dans les jugements affirmatifs. On veut donc dire
que le prédicat doit être considéré comme un signe
d'une chose quelconque, quoiqu'il répugne à son sujet dans un jugement négatif. — Soit, par exemple,
un *esprit*, la chose que je conçois; la *composition*,
un signe ou caractère de quelque chose; le jugement, *Un esprit n'est pas composé*, présente ce signe comme opposé à la chose même.

On appelle *signe médiat* le signe du signe d'une
chose : ainsi la *nécessité* est un signe immédiat de
Dieu; mais l'*immutabilité* est un signe de la nécessité, et par conséquent un signe médiat de Dieu.
D'où l'on voit facilement que le signe immédiat joue
le rôle d'intermédiaire (*nota intermedia*) entre la
chose elle-même et le signe éloigné, parce que ce
n'est que par son moyen que le signe éloigné est comparé à la chose même. Mais on peut aussi comparer
un signe à une chose par le moyen d'un signe intermédiaire négatif, dès qu'on reconnaît que quelque
chose répugne au signe immédiat d'une chose. La
contingence répugne, comme signe, au nécessaire;
d'un autre côté, le nécessaire est un signe de Dieu;
on reconnaît, par conséquent, au moyen d'un signe
intermédiaire que la contingence ne convient point à
Dieu. Je puis donc donner maintenant la définition

réelle suivante d'un raisonnement rationnel : *Un raisonnement rationnel est un jugement porté au moyen d'un signe médiat ;* ou, en d'autres termes : Un raisonnement rationnel est la comparaison d'un signe à un sujet au moyen d'un signe intermédiaire.

Ce signe intermédiaire (*nota intermedia*) s'appelle aussi, dans un raisonnement rationnel, le terme moyen (*terminus medius*). On sait assez ce que sont les autres termes d'un raisonnement.

Si, pour connaître clairement le rapport du signe à la chose dans ce jugement : *L'âme humaine est un esprit,* je me sers du signe intermédiaire *raisonnable,* et que je voie par ce moyen que la qualité d'être un esprit est un signe médiat de l'âme humaine, il doit nécessairement y avoir trois jugements, savoir :

1° Être un esprit, est un signe d'être raisonnable ;

2° Être raisonnable, est un signe de l'âme humaine ;

3° Être un esprit, est un signe de l'âme humaine : car la comparaison d'un signe éloigné avec la chose même n'est possible qu'au moyen de ces trois opérations.

Les trois jugements mis en forme se présenteraient ainsi :

Tout être raisonnable est esprit ; l'âme de l'homme est raisonnable : par conséquent l'âme de l'homme est esprit. C'est là un raisonnement rationnel affirmatif. Quant à ce qui concerne les raisonnements négatifs, il est également évident que si je ne connais pas toujours d'une manière suffisamment claire l'opposition d'un prédicat et d'un sujet, je dois me servir, quand je le puis, d'un moyen terme pour rendre par là mon idée plus lucide. Supposez que l'on me soumette ce jugement négatif : *La durée de Dieu n'est mesurable par aucun temps*, et que je ne trouve pas que ce prédicat, comparé immédiatement avec son sujet, me donne une idée suffisamment claire de l'opposition : je me sers alors d'un signe tel que je puis me le représenter immédiatement dans ce sujet; je compare le prédicat à ce signe, et, par le moyen du signe, le prédicat à la chose même. *Être mesurable par le temps*, est une chose qui répugne à tout ce qui est *immuable;* mais l'immutabilité est un signe de Dieu : donc, etc.

Ce raisonnement mis en forme serait ainsi conçu : Rien d'immuable n'est mesurable par le temps; or, la durée de Dieu est immuable : donc, etc.

§ 2. *De la Règle suprême de tout Raisonnement rationnel.* — On voit, d'après ce qui vient d'être dit, que la règle première et universelle des raisonnements rationnels affirmatifs est que *le signe du signe est un signe de la chose même (Nota notæ est etiam nota rei ipsius)*; et celle de tous les raisonnements négatifs de même espèce, que *Ce qui répugne au signe d'une chose, répugne à la chose même* (*Repugnans notæ repugnat rei ipsi*). Ni l'une ni l'autre de ces deux règles n'est susceptible d'aucune démonstration ; car une preuve n'est possible que par un ou plusieurs raisonnements rationnels ; vouloir démontrer la formule suprême de tout raisonnement rationnel serait raisonner d'une manière fautive : il y aurait ce qu'on appelle un cercle vicieux. Mais si ces règles contiennent le principe universel et dernier de tout mode de raisonnement rationnel, ce n'est évidemment qu'à la condition de contenir la raison dernière et unique de la vérité des autres règles admises jusqu'ici par tous les logiciens comme règles premières des raisonnements rationnels. Le *dictum de omni*, principe suprême de tout raisonnement rationnel affirmatif, équivaut à celui-ci : Ce qui est affirmé universellement d'une notion l'est également de toute notion contenue sous la première. La raison en est claire.

La notion qui en contient d'autres sous elle en est toujours abstraite comme un signe ; mais ce qui convient à cette notion, et qui est un signe d'un signe, est par conséquent aussi un signe des choses mêmes dont elle a été abstraite, c'est-à-dire qu'elle convient aux notions inférieures qu'elle contient sous elle. Il suffit d'avoir quelques connaissances en logique pour apercevoir facilement que ce *dictum* n'est vrai qu'en conséquence du principe que nous venons d'énoncer, et qu'il rentre par conséquent sous notre première règle. Le *dictum de nullo* rentre à son tour sous notre seconde règle. Ce qui est nié universellement d'une notion l'est également de tout ce qui est contenu sous cette notion, car cette notion qui en contient d'autres n'est qu'un signe qui en a été abstrait. Or, ce qui contredit ce signe contredit aussi les choses mêmes auxquelles il se rapporte : donc ce qui contredit la notion supérieure doit aussi contredire les notions inférieures qu'elle contient sous elle.

§ 3. *Des Raisonnements rationnels purs, et des Raisonnements rationnels mixtes.* — Chacun sait qu'il y a des raisonnements immédiats, puisqu'on peut connaître immédiatement, sans moyen terme, la vérité d'un jugement en partant d'un autre jugement. Aussi ces sortes de raisonnements ne sont-ils pas des raisonnements rationnels. C'est ainsi, par exemple, qu'il suit directement de la proposition : Toute matière est muable, que ce qui est immuable n'est pas matière. Les logiciens admettent plusieurs sortes de ces raisonnements immédiats : les principaux sont, sans aucun doute, ceux qui ont lieu au moyen de la conversion logique et par la contraposition.

Quand donc un raisonnement rationnel n'a lieu qu'au moyen de trois propositions, d'après les règles qui ont été exposées pour toute espèce de raisonne-

ment rationnel, j'appelle ce raisonnement un raisonnement rationnel pur (*ratiocinium purum*). Mais
s'il n'est possible qu'à la condition qu'il y ait plus de
trois jugements liés entre eux de manière à former
une conclusion, il est alors mixte (*ratiocinium hybridum*). Supposez donc qu'entre les trois propositions principales il faille intercaler une conséquence
immédiate, et qu'il soit par conséquent besoin à cet
effet d'une proposition de plus qu'il n'est nécessaire
dans un raisonnement rationnel pur, alors le raisonnement est hybride. Supposez, par exemple, que
quelqu'un raisonne de la manière suivante :

Rien de ce qui est corruptible n'est simple ;
Par conséquent *rien de* ~~corruptible~~ *simple* *n'est* ~~simple~~ *corruptible* ;
Or, l'âme humaine est simple :
Donc l'âme humaine n'est point corruptible.

Ce ne serait pas là un raisonnement rationnel composé à proprement parler, parce qu'un raisonnement
composé doit être formé de plusieurs raisonnements
rationnels ; tandis que celui-ci contient, outre ce qui
est exigé pour un raisonnement rationnel, une conclusion immédiate obtenue par la contraposition, et
renferme ainsi quatre propositions.

Mais dans le cas même où il n'y aurait que trois
jugements exprimés, si la conséquence ne pouvait
cependant se tirer de ces jugements qu'au moyen
d'une conversion logique légitime, d'une contrapo-

sition ou de tout autre changement logique opéré
dans l'une des prémisses, ce raisonnement rationnel
serait également hybride ; car il ne s'agit pas ici de
ce que l'on dit, mais de ce qu'il est nécessaire de
penser pour que le raisonnement soit légitime. Soit
donc le raisonnement suivant :

Rien de corruptible n'est simple ;

L'âme humaine est simple :

Donc elle n'est pas corruptible.

Ce raisonnement n'est légitime dans sa conséquence
qu'autant que je puis dire, en convertissant légitimement la majeure : Rien de corruptible n'est simple, par
conséquent rien de simple n'est corruptible. Le raisonnement reste donc toujours mixte, parce que la
force de la conclusion repose sur l'introduction secrète
de cette conséquence immédiate, que l'on doit avoir
au moins en pensée, si on ne l'énonce pas.

§ 4. *Ce qu'on appelle la première figure du*
syllogisme ne contient que des raisonnements
rationnels purs, et les trois autres figures que
des raisonnements rationnels mixtes. — Si un
raisonnement rationnel est formé immédiatement
d'après l'une de nos deux règles suprêmes exposées
plus haut, alors il a toujours lieu dans la première
figure. La première règle est donc ainsi conçue : Un
signe B d'un signe C d'une chose A est un signe
de la chose elle-même. De là trois propositions.

$$\overset{C}{\text{C a pour signe B.}} = \text{Ce qui est raisonnable est } \overset{B}{\text{esprit}} ;$$

$$\overset{A}{\text{A a pour signe C.}} = \text{L'âme humaine est } \overset{C}{\text{raisonnable}} :$$

$$\text{Donc A a pour signe B.} = \text{Donc } \overset{A}{\text{l'âme humaine}} \text{ est } \overset{B}{\text{esprit.}}$$

Il est facile de faire d'autres applications semblables de cette règle, comme aussi de celle des raisonnements négatifs, et de se convaincre que si ces raisonnements sont conformes, ils appartiennent toujours à la première figure : je puis donc me dispenser d'entrer dans des détails qui seraient fastidieux.

On aperçoit facilement aussi que ces règles des raisonnements rationnels n'exigent pas qu'on intercale entre ces jugements une conclusion immédiate tirée de l'un ou de l'autre, pour que l'argument doive être concluant; ce qui fait voir que le raisonnement rationnel dans la première figure est d'espèce pure.

IL NE PEUT Y AVOIR DANS LA DEUXIÈME FIGURE QUE DES RAISONNEMENTS MIXTES (hybrides).

La règle de la deuxième figure est celle-ci : *Ce qui répugne au signe d'une chose répugne à cette chose même.* Cette proposition n'est vraie que parce que ce à quoi un signe répugne, répugne aussi à ce signe ; mais ce qui répugne à un signe répugne à la chose même; donc cela répugne à la chose même, à quoi répugne un signe d'une chose. Il est donc évident que c'est uniquement parce que je puis *convertir simplement* la majeure comme proposition négative, que la conclusion est possible au moyen de la mineure. Cette conversion doit donc y être sous-entendue : autrement mes prémisses ne concluraient pas. Mais la proposition obtenue par la conversion est une conséquence immédiate de la première; et comme cette proposition est intercalée dans les prémisses, le raisonnement rationnel comprend quatre jugements, et par conséquent est un raisonnement hybride. Si je dis, par exemple :

Nul esprit n'est divisible;

Or toute matière est divisible;

Donc aucune matière n'est esprit, —

je raisonne juste; — seulement la force du raisonnement tient à ce que, de la première proposition *Nul esprit n'est divisible*, découle, par une conséquence immédiate, cette autre proposition : *Donc rien de divisible n'est esprit;* et, en conséquence de celle-ci, la conclusion dernière se trouve légitime, d'après la règle générale de tout raisonnement rationnel. Mais comme l'argument ne conclut qu'en vertu de la conséquence immédiate qui se trouve intercalée dans les prémisses, cette conséquence en fait donc partie, et le raisonnement comprend les quatre jugements que voici :

Nul esprit n'est divisible, et

(Par conséquent *rien de divisible n'est esprit*);

Or toute matière est divisible :

Donc aucune matière n'est esprit.

LA TROISIÈME FIGURE NE PEUT CONTENIR QUE DES RAISONNEMENTS RATIONNELS MIXTES.

La règle de la troisième figure est la suivante :
*Ce qui convient ou répugne à une chose convient
ou répugne aussi à quelques-unes des choses
contenues* sous un autre signe de cette chose. Cette
proposition n'est vraie que parce que je puis convertir
(*per conversionem logicam*) le jugement dans lequel il est dit qu'un autre signe convient à cette chose ;
ce qui rend l'opération conforme à la règle de tout
raisonnement rationnel. Soit, par exemple :

Tous les hommes sont pécheurs ;

Or tous les hommes sont raisonnables :

Donc quelques êtres raisonnables sont pécheurs.

Il n'y a ici raisonnement que parce que je puis conclure de la manière suivante au moyen d'une conversion *per accidens* en partant de la mineure : — Par
conséquent quelques êtres raisonnables sont hommes.
Alors les notions sont comparées d'après la règle
de tout raisonnement rationnel, mais seulement au
moyen d'une conclusion immédiate intercalée ; ce
qui donne le raisonnement hybride suivant :

Tous les hommes sont pécheurs ;

Or tous les hommes sont raisonnables, et

(Par conséquent *quelques êtres raisonnables sont hommes*) :

Donc quelques êtres raisonnables sont pécheurs.

La même chose est facile à reconnaître dans les raisonnements négatifs de cette figure : je ne m'y arrêterai donc pas, pour plus de brièveté.

LA QUATRIÈME FIGURE NE PEUT CONTENIR QUE DES RAISONNEMENTS RATIONNELS MIXTES.

Le mode de conclusion dans cette figure est si peu naturel, et se fonde sur un si grand nombre de conséquences intermédiaires possibles, qui doivent être conçues comme intercalées, que la règle générale que je pourrais en donner serait très-obscure et peu intelligible. Je me contenterai donc de dire à quelles conditions il peut y avoir ici conclusion. Les raisonnements rationnels négatifs de cette espèce ne concluent que parce que l'on peut changer, soit par la conversion logique, soit par contraposition, la place des extrêmes, et parce qu'on peut en conséquence penser après chaque prémisse sa conclusion immédiate, de manière que ces conclusions reçoivent le rapport qu'elles doivent avoir en général dans un raisonnement rationnel en vertu de la règle commune. Mais je ferai voir que les raisonnements affirmatifs ne sont pas possibles dans la quatrième figure. Le raisonnement rationnel négatif, tel qu'il doit être proprement conçu, revient au mode suivant :

Aucun imbécile n'est savant,

(Par conséquent *nul savant n'est imbécile*) ;

Quelques savants sont pieux,

(Par conséquent *quelques hommes pieux sont savants*) :

Donc quelques hommes pieux ne sont pas imbéciles.

Soit maintenant un syllogisme de la seconde espèce (affirmatif) :

Tout esprit est simple ;

Tout ce qui est simple est incorruptible :

Donc quelque chose d'incorruptible est un esprit.

Il est clair ici que le jugement conclusion tel qu'il est conçu, ne peut en aucune façon dériver des prémisses. C'est ce qu'on aperçoit facilement si on le compare avec le moyen terme. Je ne puis dire : Quelque chose d'incorruptible est un esprit ; en effet, de ce qu'il est simple, il n'est pas pour cela un esprit. De plus, les prémisses ne peuvent être tellement disposées par aucun changement logique possible, que la conclusion, ou seulement quelque autre proposition dont elle découle comme une conséquence immédiate, puisse être dérivée, si les extrêmes doivent avoir leur place dans toutes les figures suivant une règle invariable, et une place telle que le grand terme soit dans la majeure, le petit dans la mineure (1). Et quoique, en changeant entièrement la place des extrêmes, de manière que celui qui auparavant était le grand devienne le petit et réciproquement, il soit possible de déduire une proposition d'où découle la conclusion donnée; il est cependant nécessaire alors d'opérer une transposition totale des prémisses, et le prétendu raisonnement rationnel de la quatrième figure contient bien les matériaux qui doivent servir à la conclusion, mais non à la forme : il n'y a donc pas là de raisonnement rationnel suivant l'ordre logique, dans lequel seul la division des quatre figures est possible; ce qui est tout différent dans le raisonnement négatif de la même figure. On devra donc dire :

Tout esprit est simple ;

Tout ce qui est simple est incorruptible,

(Par conséquent *tout esprit est incorruptible*) :

Donc quelque chose d'incorruptible est un esprit.

Cette conclusion est tout à fait juste; mais un pareil raisonnement se distingue de celui qui serait fait dans

---

(1) Cette règle se fonde sur l'ordre synthétique suivant lequel le signe éloigné est d'abord comparé avec le sujet, et ensuite le signe plus proche. Cependant, quelque arbitraire que puisse être cet ordre, il devient inévitablement nécessaire dès qu'on veut avoir quatre figures. Car, s'il est indifférent qu'on mette le prédicat de la conclusion dans la majeure ou dans la mineure, la première figure ne se distingue absolument pas de la quatrième. On trouve dans la *Logique* de *Crusius*, p. 600, *observation*, une faute semblable.

la première figure, non par la place différente du
moyen terme, mais en ce que l'ordre des prémisses
est changé (1), ainsi que celui des extrêmes, dans la
conclusion. Mais cela ne constitue point le changement de la figure. On trouve une semblable faute à
l'endroit cité de la *Logique de Crusius*, où l'auteur
croit avoir conclu, et même naturellement, dans la
quatrième figure, en conséquence de cette liberté de
transposer les prémisses. N'est-il pas un peu honteux
pour un esprit supérieur de se donner tant de peine
pour améliorer une chose inutile? Ce qu'il y aurait de
mieux à faire, ce ne serait pas de l'améliorer, mais
de l'anéantir.

§ 5. *La division logique des quatre figures du
syllogisme est une fausse subtilité.* — On ne peut
disconvenir que la conclusion ne soit légitime dans
ces quatre figures. Mais il est incontestable qu'à
l'exception de la première, elles ne déterminent la
conséquence que par un détour et au moyen de propositions intercalées par des raisonnements immédiats, et que la même conclusion serait possible dans

(1) Car si une proposition est majeure parce qu'elle contient le
prédicat de la conclusion ; alors, en ce qui concerne la conclusion
propre qui découle ici immédiatement des prémisses, la seconde proposition est la majeure, en même temps que la première est la mineure. Mais dans ce cas la conclusion n'a lieu en définitive, suivant
la première figure, qu'autant que la conclusion est tirée, au moyen
d'une conversion logique, de la proposition qui suit immédiatement
le jugement tacite.

la première figure à l'aide du même moyen terme,
par un raisonnement pur et sans le secours de conclusions immédiates. On pourrait donc penser que les
trois dernières figures sont à la vérité très-inutiles,
mais ne sont pas fausses. Néanmoins on en jugera
autrement si l'on fait attention au but que les logiciens se sont proposé en inventant ces figures et en
les exposant. S'il s'agissait d'envelopper une multitude de raisonnements parmi des jugements principaux, de telle façon que si quelques-uns étaient
exprimés, d'autres fussent sous-entendus, et qu'il
fallût beaucoup d'art pour juger de leur accord avec
les règles du raisonnement, on pourrait bien encore
alors inventer, non pas précisément plusieurs figures,
mais cependant plusieurs raisonnements énigmatiques
qui seraient autant de casse-tête passables. Mais le
but de la logique n'est pas d'envelopper les idées; au
contraire, elle se propose de les développer, de les
exposer d'une manière évidente, et non pas énigma-
tique. Ces quatre espèces de raisonnements doivent
donc être simples, sans mélange, et sans conclusion
tacite accessoire : autrement on ne pourrait leur reconnaître le droit de s'annoncer dans un traité de logique comme des formules de l'exposition la plus
claire d'un raisonnement rationnel. Il est également
certain que jusqu'ici tous les logiciens les ont regar-
dés comme des raisonnements rationnels simples, ne

pensant pas qu'il fût nécessaire d'y introduire d'autres jugements : autrement ils ne leur auraient jamais accordé ce droit de bourgeoisie. Les trois dernières figures sont donc vraies comme règles du raisonnement rationnel en général; mais il est faux qu'elles contiennent un raisonnement simple et pur. Cette irrégularité, qui fait un droit d'obscurcir les idées, tandis que la logique a pour but propre de tout ramener à l'espèce de connaissance la plus simple, est d'autant plus grande qu'il est nécessaire de recourir à un nombre plus considérable de règles particulières (chaque figure ayant besoin de règles spéciales) pour ne pas se briser dans ses soubresauts. Dans le fait, on n'a jamais dépensé plus d'esprit de combinaison et de pénétration à une chose plus inutile. Les modes qui sont possibles dans chaque figure, indiqués par des mots bizarres qui contiennent en même temps des lettres pleines de mystère, servant à faciliter la conversion des modes des trois dernières figures en ceux de la première, seront pour l'avenir un monument curieux de l'histoire de l'esprit hnmain, lorsqu'un jour la rouille vénérable de l'antiquité étonnera et affligera par ses industrieux et vains efforts une postérité mieux enseignée.

Il est facile aussi de découvrir la première occasion de cette subtilité. Celui qui d'abord transcrivit un syllogisme en trois propositions les unes au-dessous

des autres, y vit comme un échiquier, et chercha
quel serait le résultat de la transposition du moyen
terme. Il fut aussi surpris en apercevant qu'il y avait
toujours un sens raisonnable, que celui qui trouve
un anagramme dans un nom. Il n'était pas moins
puéril de se réjouir de l'une de ces découvertes que
de l'autre, surtout en oubliant qu'il n'en résultait
rien de nouveau pour la clarté, mais au contraire une
augmentation d'obscurité. Telle est cependant la nature de l'esprit humain : ou il est subtil et tombe dans
des niaiseries, ou il s'attache témérairement à de
trop grandes choses et bâtit des châteaux en Espagne.
Parmi les penseurs, l'un s'attache au nombre 666,
l'autre à l'origine des animaux et des plantes ou aux
secrets de la Providence. L'erreur dans laquelle ils
tombent tous les deux est de goût très-différent; ce
qui n'est qu'une conséquence de la différence des
esprits.

Le nombre des choses qui méritent d'être apprises
augmente de jour en jour; et bientôt notre capacité
sera trop faible et notre vie trop courte pour en apprendre seulement la partie la plus utile. Les ri-
chesses qu'il s'agit d'acquérir sont trop abondantes
pour qu'on ne doive pas négliger, rejeter même une
infinité de bagatelles inutiles. Il eût donc été mieux
de ne s'en charger jamais.

Je m'abuserais fort si je croyais qu'un travail de

quelques heures pourra renverser un colosse qui
cache sa tête dans les nuages de l'antiquité, et dont
les pieds sont d'argile. Mon dessein est donc uniquement de dire pourquoi je suis si court dans ma logique, où je ne puis pas tout traiter d'après ma manière de voir, obligé que je suis au contraire de faire
plusieurs choses pour me conformer au goût dominant : c'est afin d'employer à l'acquisition réelle de
connaissances plus utiles le temps que je gagne ici.

Il y a encore une autre utilité dans la syllogistique :
c'est que par son moyen on peut vaincre, dans une
dispute, un adversaire inconsidéré. Mais comme ceci
regarde l'athlétique des savants, art qui peut être
d'ailleurs très-utile, quoiqu'il ne soit pas très-avantageux pour la vérité, je n'en parle pas ici.

§ 6. *Observations finales.* — Nous savons donc
que les règles suprêmes de tous les raisonnements
rationnels conduisent immédiatement à cette disposition des notions qui constitue la première figure ;
que toutes les autres transpositions du moyen terme
ne donnent une conclusion légitime qu'autant qu'elles
conduisent, par des conséquences immédiates faciles,
à des propositions liées entre elles suivant l'ordre
simple de la première figure ; qu'on ne peut conclure
d'une manière simple et sans mélange que dans cette
première figure, parce qu'elle seule, toujours contenue d'une manière secrète dans un raisonnement

rationnel par des conséquences occultes, renferme la vertu de conclure, et que le changement de position des notions ne fait qu'occasionner un détour plus ou moins grand qu'il faut parcourir pour apercevoir la conclusion; enfin, que la division des figures en général, en tant qu'elles doivent contenir des raisonnements purs et sans mélange de jugements intercalés, est fausse et impossible.

L'explication que nous venons de donner fait voir assez clairement, pour que nous puissions nous dispenser d'insister sur ce point, comment nos règles fondamentales universelles de tout raisonnement rationnel contiennent en même temps les règles particulières de la première figure, et comment, en partant de la conclusion donnée et du moyen terme, on peut ramener tout raisonnement rationnel de l'une des trois dernières figures à un mode de conclusion simple de la première, sans pour cela passer par les longueurs inutiles des formules de la réduction, de manière à conclure soit la conclusion elle-même, soit une proposition d'où elle découle par une conséquence immédiate.

Je ne finirai pas ce petit travail sans ajouter quelques observations qui pourront plus tard avoir leur utilité.

1° Je dis donc qu'une notion *lucide* (1) n'est pos-

(1) Kant fait ici allusion à la synonymie qu'il a établie, en traitant

sible que par un jugement, de la même manière qu'une notion *complète* n'est possible que par un *raisonnement rationnel*. Il faut en effet, pour qu'une notion soit lucide, que je connaisse quelque chose comme signe [ou caractère] d'une autre chose. Mais cela même constitue un jugement. Pour qu'il y ait lucidité dans ma notion de corps, je me représente l'impénétrabilité comme un caractère clair de cette notion. Or, cette représentation n'est autre chose que cette pensée : *Un corps est impénétrable*. Il faut seulement remarquer ici que ce jugement n'est pas la notion claire elle-même, mais l'acte par lequel elle devient réelle : car l'idée qui résulte de cet acte relativement à la chose même, est lucide. Il est facile de faire voir qu'une notion parfaite n'est possible que par un raisonnement rationnel ; il suffit de se rappeler le § 1 de cette dissertation. On pourrait donc aussi appeler notion lucide celle dont la clarté résulte d'un jugement, et notion complète celle dont la lucidité résulte d'un raisonnement rationnel. Si la perfection est de premier degré, le raisonnement rationnel est simple ; si elle est de second ou de troisième degré, elle n'est alors possible que par une série de raison-

de la clarté des connaissances dans son Introduction à la logique, entre différents degrés de clarté d'une notion, suivant que l'analyse de sa compréhension est plus ou moins approfondie. Il fait aussi allusion aux rôles de l'entendement et de la raison tels qu'il les a établis dans *la Critique de la Raison pure*. *(Note du trad)*.

nements que l'entendement unit à la manière d'un sorite. Cette observation met à découvert un vice essentiel de la logique telle qu'on la traite communément, puisqu'il y est question des notions claires et parfaites avant qu'on y ait traité des jugements et des raisonnements, quoique les premières ne soient possibles que par les seconds.

2° Il n'est pas moins évident que l'intégralité des notions n'exige pas une autre faculté de l'âme que la lucidité (puisque c'est la même capacité qui reconnaît quelque chose comme signe immédiat d'une autre chose, et dans ce signe un autre signe encore, qui est par conséquent employé pour penser la chose au moyen d'un signe éloigné); il est également clair que l'*entendement* et la *raison*, c'est-à-dire la faculté de connaître lucidement et celle de faire des raisonnements rationnels, ne sont pas des capacités fondamentales différentes : toutes deux reviennent à la faculté de juger; seulement, quand on juge médiatement, on raisonne.

3° Il résulte enfin de ce qui précède que la capacité suprême de connaître repose absolument et uniquement sur celle de juger. En conséquence, lorsqu'un être peut juger, il a par le fait même la faculté suprême de connaître. Si l'on est autorisé à lui refuser celle-ci, c'est aussi qu'il ne peut pas juger. C'est pour avoir négligé ces considérations, qu'un savant célèbre a reconnu aux animaux des notions lucides. Un bœuf, dit-on, possède aussi dans l'idée de son étable une représentation claire de l'un des signes ou caractères de l'étable même, de la porte : il a donc une notion lucide de l'étable. Il est facile d'apercevoir la confusion qui règne ici. La lucidité d'une notion ne consiste pas dans la claire représentation de ce qui est le signe d'une chose, mais bien en ce que le signe d'une chose soit reconnu comme signe de cette chose. La porte fait assurément partie de l'étable, et peut lui servir de signe ; mais il n'y a que celui qui porte ce jugement : *Cette porte fait partie de cette étable*, qui ait une notion lucide du bâtiment, et ce jugement est, à coup sûr, au-dessus de la faculté de l'animal.

Je vais plus loin, et je dis qu'il y a une différence totale entre *distinguer* des choses les unes des autres, et *connaître* la *différence* des choses. Le dernier acte n'est possible que par des jugements, et ne peut être le fait d'aucun animal non-raisonnable. La distinction suivante peut être d'une grande utilité. *Distinguer logiquement*, c'est reconnaître que A n'est pas B ; ce qui n'a jamais lieu que par un jugement négatif ; *distinguer physiquement*, c'est être porté à des actions différentes par des représentations diverses. Le chien distingue le rôti du pain parce qu'il en est affecté différemment (différentes choses occa-

sionnent des sensations différentes), et la sensation
due au premier est dans le chien une raison d'un désir
différent de celui qui résulte de la sensation due au
second (1), en conséquence de la liaison naturelle des
inclinations et des représentations. On peut de là
prendre occasion de méditer sur la différence essentielle des animaux raisonnables et des animaux non
raisonnables. Si l'on pouvait apercevoir ce qui constitue la faculté secrète au moyen de laquelle le jugement est possible, on pourrait résoudre la question.
Mon opinion actuelle est que cette faculté ou capacité
n'est autre chose que celle du sens intime, c'est-à-dire
celle de faire de ses propres représentations un objet
de ses pensées. Cette faculté ne peut être dérivée
d'une autre; elle est fondamentale dans le sens propre
du mot, et ne peut appartenir, ainsi que je l'ai dit plus
haut, qu'à des êtres raisonnables. Mais elle est la
base de toute faculté cognitive supérieure. Je conclus
d'une manière qui doit plaire à ceux qui aiment l'unité
dans les connaissances humaines. Tous les jugements
affirmatifs sont soumis à une formule générale, à la

(1) C'est là un fait d'une très-haute importance, et qu'il ne faut pas
perdre de vue dans l'examen de la nature animale. Nous n'apercevons dans les animaux que des actions extérieures dont la différence
indique en eux des déterminations de désir distinctes. On ne peut
conclure qu'un pareil acte de connaissance précède dans leur sens
intime, tout en admettant qu'ils aient conscience de l'accord ou du
désaccord de ce qui se trouve dans une sensation avec ce qui peut se
rencontrer dans une autre, et qu'ils en jugent en conséquence.

proposition de l'accord : *Cuilibet subjecto competit prædicatum ipsi non oppositum.* Tous les raisonnements rationnels affirmatifs sont soumis à la règle : *Nota notæ est nota rei ipsius ;* tous les raisonnements rationnels sont également soumis à celle-ci : *Oppositum notæ opponitur rei ipsi.* Tous les jugements qui sont soumis immédiatement aux propositions de l'accord ou de la contradiction, c'est-à-dire dans lesquels ni l'identité ni l'opposition n'est aperçue par un signe intermédiaire (par conséquent pas au moyen de l'analyse des notions), mais immédiatement, sont des jugements indémontrables ; ceux, au contraire, dans lesquels l'identité ou l'opposition peut être connue médiatement sont démontrables. La connaissance humaine est remplie de ces sortes de jugements indémontrables. Quelques-uns précèdent toujours toute définition, lorsque, pour pouvoir définir, on se représente comme un signe quelque chose appartenant à ce que l'on connaît de prime abord et immédiatement dans un objet. Les philosophes qui procèdent comme s'il n'y avait d'autres vérités fondamentales indémontrables qu'une seule, se trompent donc. Ceux-là ne se trompent pas moins, qui accordent trop libéralement le caractère de propositions premières à d'autres propositions qui ne le méritent point.

FIN DE L'APPENDICE.

TABLE DES MATIÈRES.

PREMIÈRE PARTIE

THÉORIE GÉNÉRALE ÉLÉMENTAIRE.

FIN DE LA TABLE DES MATIÈRES.

Imprimé en France
FROC032255020719
21538FR00019B/441/P

9 782012 583948